NÃO ES QUE ÇA!

75 técnicas para ativar sua memória

Brad Zupp

TRADUÇÃO
UBK Publishing House

ubook ubk Publishing House

Publicado mediante acordo com Callisto Media, Inc. Edição traduzida do livro, *Mastering Memory: 75 Hacks for Success in School, Work and Life*, publicada por Althea Press.

ubook ubk Publishing House

COPIDESQUE Know-How Editorial
REVISÃO Know-How Editorial e Diego Franco Gonçales
CAPA Bruno Santos
DIAGRAMAÇÃO Flávio Augusto

Dados Internacionais de Catalogação na Publicação (CIP)
(Câmara Brasileira do Livro, SP, Brasil)

Zupp, Brad
Não esqueça! 75 técnicas para ativar sua memória / Brad Zupp. -- 1. ed. -- Rio de Janeiro : Ubook Editora, 2021.

ISBN 978-65-5875-069-7

1. Cérebro - desenvolvimento 2. Conhecimento 3. Memória 4. Psicologia comportamental I. Título.

21-53880 CDD-153.12

Ubook Editora S.A
Av. das Américas, 500, Bloco 12, Salas 303/304,
Barra da Tijuca, Rio de Janeiro/RJ.
Cep.: 22.640-100
Tel.: (21) 3570-8150

Sumário

Parte 3: Trabalho

Introdução

"Sou tão ruim em lembrar das coisas."

VOCÊ SE PEGA FREQUENTEMENTE em um cômodo da sua casa sem se lembrar do que foi fazer lá? Já perdeu seu telefone, os óculos ou outros objetos importantes? Esquece o que seus amigos e familiares lhe dizem? Tem dificuldade de lembrar de fatos e números? Se assim for, você não está sozinho, posso lhe assegurar. Nunca tive uma memória excepcional; sempre tive problemas para lembrar nomes e números. À medida que fui ficando mais velho, isso foi piorando — até que um dia resolvi dar um basta: "Será que um cara comum pode, realmente, melhorar a própria memória?", me questionei. E decidi descobrir.

Pesquisei, li e experimentei tudo, desde meditação e exercícios físicos até tomar vitaminas e dormir mais. Algumas estratégias funcionaram, outras não. Mas o resultado geral foi a melhora da minha memória! Surpreendentemente, aprender estratégias de memorização foi divertido. Ao contrário do que eu esperava, não foi como a tarefa enfadonha da escola ou uma memorização mecânica. Encontrei ferramentas e técnicas que eram não apenas fáceis, mas também agradáveis de usar.

Conseguir lembrar mais informações era tão agradável que comecei a me aventurar em competições de memória. Sim, há pessoas no mundo que fizeram da memorização um esporte competitivo — e eu me tornei uma delas! Como em qualquer esporte ou iniciativa, quanto mais eu praticava, mais me aprimorava. Ao final, estava competindo em âmbito internacional.

Em um evento, bati o recorde americano daquele ano. No ano seguinte, quebrei minha própria marca. Consegui me lembrar perfeitamente de uma lista de números ditados na proporção de um por segundo durante mais de dois minutos. Também poderia memorizar a ordem das cartas de um baralho em menos de sessenta segundos, à ordem de 1.200 dígitos binários em trinta minutos, 11,5 baralhos de cartas em uma hora, 117 nomes e rostos em quinze minutos, e mais. É claro, minha memória cotidiana melhorou igualmente. Passei a lembrar mais do que minha esposa dizia, a me sair melhor no trabalho, e pude até me recordar dos nomes de pessoas que conhecia. Minha memória estava melhor e minha vida também.

O que achei mais interessante do que meu sucesso nessas competições foi que quase todas as outras pessoas que conheci nos eventos tinham uma história semelhante à minha: elas estavam preocupadas com a deterioração da memória, decidiram reverter isso e... conseguiram! Elas foram capazes de treinar para se lembrarem mais.

Como competidor de memorização e coach de milhares de estudantes, desde crianças da terceira série até adultos e idosos, provei repetidas vezes que essas técnicas funcionam. Se você seguir os passos simples que eu criei também vai melhorar a sua memória. Cada parte deste livro — Vida, Estudos e Crescimento Pessoal e Trabalho — tem 25 truques práticos para a memória. Recomendo fortemente que vocês leiam o livro na sequência linear das páginas para obter o máximo proveito da aplicabilidade das técnicas incluídas em muitos dos truques. Entretanto, se você tiver uma necessidade urgente, sinta-se à vontade para ir diretamente para a solução específica.

As técnicas são diferentes da típica memorização mecânica, focada em repetição, que muitos de nós já utilizamos no passado. Elas podem até parecer estranhas, demandar um pouco mais de tempo, ou até inverossímeis. É comum achar uma técnica estranha até que a experimente. Portanto, não basta ler este livro. Escolha uma dica e coloque todo o seu esforço em praticá-la — é possível que se surpreenda com o quão bem ela funciona para você! Você *pode* ter uma boa memória. Usar essas técnicas o ajudará a trabalhar *a favor* da sua mente em vez de *contra* ela. Você consegue! Sua memória vai melhorar... e sua vida também.

PARTE

1

Vida

Estes primeiros 25 truques para a memória lançam as bases para métodos mais complexos e técnicas que virão a seguir. As táticas nesta seção são incrivelmente poderosas e ajudarão em muitas situações comuns nas quais lutamos contra nossas falhas de memória. Para começar, enquanto lê esta parte, escolha uma ou duas dicas que sejam interessantes para você e coloque-as em prática.

[1] Os três passos essenciais da memória

A MAIORIA DAS PESSOAS PENSA que a lembrança acontece durante um momento no tempo: ouvimos alguma coisa e, então, nos lembramos dela ou a esquecemos. Mas a memória é mais complicada do que isso. Lembrar-se de qualquer coisa requer estas três etapas essenciais (FOR):

1. Focar na informação.
2. Organizar o material em sua mente.
3. Recuperar a informação quando precisar dela.

Para cumprir a FOR e melhorar sua memória, é necessário seguir todas as três etapas. Se pular uma delas, não conseguirá lembrar o que quer quando for necessário. O ponto de partida para melhorar sua memória é identificar qual das três fases pode ser aquela em que você tropeça. Uma vez identificado seu ponto vulnerável, vai ficar mais fácil saber onde precisa concentrar seus esforços enquanto trabalha as técnicas deste livro.

A TÉCNICA: **Identifique áreas problemáticas**

Para esse truque, será preciso passar alguns minutos avaliando sua memória. Pegue caneta e papel. Nada muito sofisticado — o verso de um envelope ou um papel qualquer de rascunho é suficiente. Enquanto analisa por escrito seus problemas recentes de memória, você pode identificar qual dos passos é a sua maior preocupação. Em minha experiência, muitos problemas de memória são o resultado de pular o passo 1, não focar na informação. Normalmente, fazemos tantas coisas ao mesmo tempo que nossa atenção é dispersa e nossa memória natural não pode funcionar corretamente. Mas esse nem sempre é o caso; então, vamos analisar a sua situação.

COMO FAZER

Tire um momento para pensar sobre um problema recente de memória. O que foi esquecido? No seu papel de rascunho, anote uma ou duas palavras que resumam o evento ou o problema. Por exemplo, "Esqueci um aniversário", "Tive um apagão durante uma prova" ou "Perdi um prazo no trabalho".

Agora, pense na ocasião quando ocorreu o problema de memória. O que levou àquela situação, o que aconteceu quando você tentou se lembrar das informações e depois disso? Responda as seguintes perguntas:

1 **Enquanto ouvia, lia ou via as informações, você não se concentrou o suficiente para que elas se fixassem na sua memória? Em outras palavras, prestou ou não atenção?**

2 **Sua mente registrou as informações, mas depois elas se misturaram com outras que você já tinha armazenado?**

3 **Você até armazenou as informações na mente, mas teve um "apagão" quando precisou se lembrar delas?**

Abaixo da(s) palavra(s) que resume(m) o evento, anote em qual dos três passos você tropeça: 1) Focar na informação; 2) Organizar o material na mente; ou 3) Recuperar a informação quando precisar dela. Agora, repita essa atividade em pelo menos mais duas situações nas quais você teve problemas de memória. Em seguida, acrescente as possíveis razões para cada um deles. Veja um exemplo:

Aniversário esquecido (passo 2) — Sabia a data, mas não estava com ela na cabeça porque estava pensando em outras coisas.

Apagão no meio da prova (passo 3) — Sabia as respostas, mas as esqueceu porque estava sob pressão.

Perda do prazo no trabalho (passo 1) — Não se lembrava de que o chefe mudara o prazo.

Neste exemplo, há três áreas para se trabalhar. Sua lista pode revelar que é necessário treinar todas elas. Talvez haja um padrão de ter informações do tipo "entrar por um ouvido e sair por outro" (passo 1); com tanta coisa acontecendo na sua cabeça, você tem dificuldade para lembrar (passo 2), ou descobrir que está estressado e não consegue acessar informações no momento em que precisa delas (passo 3). Seja qual for o seu caso, saber qual(is) área(s) precisa(m) de atenção o ajudará assim que iniciar a jornada de aprimoramento da sua memória!

[2] Uma memória melhor todas as manhãs

TEMOS TANTAS COISAS para lembrar a cada dia, incluindo nomes de pessoas que encontramos, prazos, tarefas diárias, conversas com quem convivemos no cotidiano e por aí vai. Isso pode parecer avassalador, especialmente se já nos esforçamos para lembrar direito de tudo. Acordar a cada manhã pode até trazer uma sensação de pavor: "Qual será o vexame que passarei hoje por causa da minha falta de memória?". Em vez de viver com receios ou preocupações, é possível melhorar imediatamente sua memória e continuar vendo a progressiva melhora dela a cada dia. Você precisa apenas fazer algumas pequenas mudanças em hábitos e atitudes para começar a aumentar suas habilidades de memorização.

A TÉCNICA: Cuide do corpo e da mente

Você pode estar sabotando sua memória sem saber! Algumas simples mudanças na vida farão toda a diferença. Cuidar do corpo e da mente produz enormes resultados na memória com o mínimo de esforço. Estamos frequentemente tão ocupados ou estressados que deixamos de fazer o que sabemos que é bom para nós mesmos. Cuidar do corpo e da mente dará à sua memória natural o combustível necessário para ela trabalhar em seu favor novamente. Embora isso possa parecer mais fácil de dizer do que de fazer, leia as sugestões abaixo vislumbrando o que é possível fazer para promover mudanças positivas em sua vida.

COMO FAZER

Revise a seguinte lista de cinco fatores que ajudam a mente e a memória. Escolha um ou dois novos hábitos para incorporar em sua rotina. Então chegue à efetivação dessas mudanças dando alguns pequenos passos, hoje e amanhã, para iniciar um hábito saudável. Você merece isso, e sua memória agradecerá.

1 DURMA MAIS. Nossas mentes sabem como salvar informações e lembrá-las posteriormente. Fazemos isso naturalmente o tempo todo. Quando dormimos menos do que precisamos, no entanto, nossa mente sente mais dificuldade. Priorize dormir mais cedo e dormir melhor. Limite o tempo em frente às telas (computador, celular, TV), o estresse e a atividade mental antes da hora de dormir. Essa é a atitude preferida de muitas pessoas para melhorar a capacidade de lembrar.

2 BEBA MUITA ÁGUA. Ficar desidratado pode prejudicar a memória. Qual a quantidade ideal de água para você? Consulte seu médico, mas uma diretriz geral é de seis a oito copos grandes por dia.

3 TORNE-SE E MANTENHA-SE FISICAMENTE ATIVO. A aptidão mental se beneficia muito do condicionamento físico. Há uma correlação entre o exercício cardiovascular e uma boa memória. Consulte um médico primeiro e depois caminhe ou faça outras modalidades de exercício físico apropriadas para sua idade e capacidade física.

4 COMA BEM. Sabemos que precisamos comer bem para a nossa saúde física. Do mesmo jeito, a saúde do nosso cérebro também depende da obtenção satisfatória de ácidos graxos ômega 3 (experimente nozes, salmão ou semente de chia) e de alimentos ricos em antioxidantes, como espinafre, amêndoa, semente de girassol, mirtilo, couve, noz-pecã, morango, laranja e feijões. Provavelmente você gosta de ao menos um desses alimentos, certo? Consulte um médico para ajudá-lo na escolha dos melhores alimentos para sua saúde.

Tenha em mente que talvez não seja necessário elaborar um menu novo todos os dias. Em quais das suas refeições regulares seria possível adicionar facilmente um desses alimentos? Gosto de adicionar sementes de chia na farinha de aveia ou em um copo com água. Será que você não conseguiria colocar um pouco de couve ou de espinafre escondido na lasanha?

5 REDUZA SEU NÍVEL DE ESTRESSE. O estresse é um dos maiores inimigos da memória. Faça um favor à sua mente: descubra formas saudáveis de reduzir o estresse e traga-as para seu cotidiano. Marque-as na sua agenda diária. Algumas alternativas que funcionam para mim e para meus clientes incluem um banho antes de dormir; uma caminhada lenta e relaxante antes do café da manhã ou depois do jantar; ou uma conversa noturna por telefone com um amigo em que ambos se ouvem e se apoiam. (Ouvir as atribulações alheias muitas vezes faz nossos problemas parecerem mais manejáveis.)

[3] Lembrar onde deixou itens importantes do dia a dia

VOCÊ ESTÁ FRUSTRADO por perder constantemente os óculos, as chaves, a bolsa, a carteira, o telefone ou outros pequenos objetos? Vaga pela casa procurando coisas, praguejando contra sua memória ruim? Essa é uma das maiores queixas que ouço, tanto de pessoas jovens como das mais idosas. Muitos podem se lembrar de coisas importantes como nomes, mas estão sempre perdendo os óculos. Estudantes podem ser diligentes em fazer o trabalho da escola, mas depois não o entregam porque esqueceram onde o colocaram. Se convive com o sumiço de objetos, esta técnica foi feita para você.

A TÉCNICA: Use sua imaginação

Embora possamos dizer "esqueci onde coloquei meus óculos", essa afirmação não é exata. O problema não é que esquecemos — é que não estávamos prestando atenção quando os colocamos em determinado lugar! Deixamos as chaves em cima do balcão a caminho de lavar as mãos e, depois, não conseguimos mais encontrá-las. Corremos para dentro de casa para pegar alguma coisa e colocamos os óculos escuros na mesa perto da porta. Assim que encontramos o que buscávamos e voltamos para o carro, prontos para sair, não conseguimos mais achar os óculos.

Se você vai largando os objetos de forma distraída, como pode trazer o foco à situação? Como tornar significativos momentos tão corriqueiros? Com esta técnica, você vai usar a imaginação para se concentrar no momento em que coloca os objetos em algum lugar e nunca mais os perderá novamente.

COMO FAZER

1 Pense em um objeto que você perde frequentemente. Talvez seja a chave, a carteira, a bolsa ou o telefone. É apenas um desses itens ou há outros? Pense nas últimas vezes em que os "esqueceu" e reduza-os a um ou dois que perde de vista normalmente. Traga à mente o lugar a que esse item pertence. Esse é o lugar seguro do objeto.

2 Agora, imagine que cada objeto tem uma qualidade destrutiva quando não está no lugar seguro dele. Por exemplo, penso que minha chave está tão quente que chega a ficar incandescente. Sempre que a coloco em algum lugar, penso: "O que acontecerá se eu a deixar aqui por muito tempo? A mesa pode pegar fogo!".

3 Passe trinta segundos tentando diferentes visualizações. Imagine seu objeto como quente, frio, molhado, pintado ou coberto com alguma coisa. Por exemplo, você poderia imaginar seu objeto congelado ou molhado, formando uma poça ou deixando uma mancha. Se preferir incluir cor nesse quadro imaginário, tente visualizar o objeto com uma coloração verde radioativa ou amarela como se tivesse acabado de ser pintado. É mais fácil introduzir alimentos na imagem mental? Então, pense em seu telefone coberto de molho de tomate.

4 Leve o objeto para algum lugar próximo ao qual ele não pertença e deixe-o lá. Pense imediatamente em como a superfície sobre a qual ele estiver poderia ser danificada. Seja criativo e exagerado. Pense em um cenário mirabolante envolvendo seu perigoso objeto. Mova o objeto para outra superfície e repita o processo.

5 Faça a experiência no resto do dia quando deixar o objeto em algum lugar. Veja como é possível tornar suas imagens vívidas. Pegue meio segundo para pensar "Ah, não, vai danificar essa superfície!". Considere brevemente como ela ficaria depois de queimada, riscada, esburacada ou trincada.

Por mais tola que esta técnica pareça, os resultados ao adotá-la são surpreendentes. A mente pensa por imagens. Você a está ajudando quando presta atenção de uma forma que achará divertida e se lembrará muito melhor onde estão os objetos de agora em diante. Faça disso um jogo e coloque em prática toda vez que lidar com aqueles objetos que (agora não mais) desaparecem com frequência.

DICA | MELHORE SEU FOCO

Para começar a se lembrar melhor imediatamente, pare de fazer várias tarefas ao mesmo tempo! Ouça, leia ou olhe com propósito para o que está à sua frente para se concentrar no momento presente. Dê atenção somente a uma tarefa ou pessoa de cada vez.

[4] Lembrar de checar se está desconectado, fechado, desligado e trancado

UMA JORNADA DE mil quilômetros começa com... uma volta para se certificar de trancar a porta da frente. Eu costumava me preocupar se tinha deixado o ferro de passar roupas, o fogão ou o forno ligados, ou se tinha trancado a porta ou não. Muitas vezes, duvidei de mim mesmo algum tempo depois de fechar a porta ou de desligar o fogão, já quando era difícil checar novamente. "Será que eu fiz mesmo isso?", me perguntava. Usando esta técnica, você não apenas se lembrará de desligar, trancar ou fechar, como também se lembrará de ter feito.

A TÉCNICA: Torne o corriqueiro memorável

Esta técnica ajuda a lembrar de eventos corriqueiros demais para serem notados, mas que, ainda assim, devem ser lembrados. É preciso conectar a experiência de fazer a atividade com alguma coisa que torne memorável algo corriqueiro: cantar. Não é a sua praia? Melhor ainda! Uma canção desafinada é mais memorável do que uma bem interpretada. Mas se estiver perto de outras pessoas ou se sentir desconfortável cantando, outros sons têm o mesmo efeito.

COMO FAZER

1. **Escolha sua maior preocupação. Ferro de passar roupas? Porta trancada? Fogão? Qualquer das tarefas, seja trancar a porta, desligar o ferro ou o que for, decida que você quer se lembrar de fazê-la.**

2. **Invente uma canção ou som para acompanhar a ação de que precisa se lembrar de fazer e estabeleça um identificador como o dia ou o clima. Aqui estão algumas sugestões:**

    - **Eu canto "O ferro está desligado na segunda-feira!" em uma voz dramática e lírica enquanto eu desligo o ferro. Faço o mesmo ao fechar a porta da garagem com o controle remoto: "Está uma manhã chuvosa, e eu fechei a garagem!". Usar uma variedade de notas de altas para baixas ou vice-versa é excelente, assim como em um marcante crescendo.**

Encaixe a letra da canção em seu estilo musical favorito: rap, country, pop ou ópera. Uma versão terrível de uma música é legal e ainda mais memorável do que uma lindamente interpretada, então solte a voz!

- **Se compor músicas não é seu forte, use um ruído em vez de músicas. Por exemplo, para lembrar que tranquei a porta da frente, ao sair, muitas vezes aperto o puxador da porta pensando "Três apertões, segunda-feira de manhã", contando-os enquanto penso. Bater palmas, estalar os dedos ou fazer barulho com os pés também é eficaz.**

É importante acrescentar um "identificador", ou seja, um atalho para a memória. Sem isso, talvez me lembre de que cantei minha musiquinha, mas posso cometer um autoengano pensando: "Espere, talvez eu tenha cantado para lembrar que o forno estava desligado ontem!", e eu teria de verificar novamente. Quando você combina sua canção/som com um identificador e, depois, fica em dúvida sobre ter desligado ou não o forno, é possível tirar a dúvida mais rapidamente lembrando de ambos, da música e da circunstância, o que fará a lembrança aparecer com facilidade. Sua paz de espírito aumentará, e você deixará de perder tempo com dúvidas sobre as suas ações.

[5] Lembrar de nomes

EIS QUE VOCÊ ESTÁ em um evento social ou de trabalho. Você acabou de conhecer uma pessoa cujo nome gostaria de lembrar. De repente, não passou nem um segundo e o nome dela já desapareceu de sua mente. Os sentimentos são de frustração e de embaraço. Lembrar de nomes é uma habilidade importante de se ter. Infelizmente, muitas pessoas a consideram difícil de ser dominada. Com esta técnica poderosa, porém simples, é possível se lembrar mais facilmente de nomes. De agora em diante, sempre que conhecer alguém e ouvir o nome da pessoa, sua primeira missão é simples: falar sobre o nome dela.

A TÉCNICA: Faça uma pergunta

A maior barreira para lembrar o nome de alguém é ouvi-lo. Quando encontramos pessoas, muitas vezes nós nos distraímos com nossos próprios pensamentos ou pelo que acontece ao nosso redor. O nome "entra por um ouvido e sai pelo outro". Não mais. Assim que conhecer alguém e ele dizer como se chama, repita o nome imediatamente, depois faça uma pergunta sobre ele. Usar essa técnica abrange três tarefas essenciais: 1) se preparar para ouvir o nome, 2) dizer o nome em voz alta para sua mente começar a se lembrar dele, e 3) fazer uma pergunta para registrar aquele nome em sua memória.

COMO FAZER

Pratique essa técnica com antecedência para facilitar a sua utilização com sucesso quando for importante. Peça que alguém o ajude se apresentando a você com um nome inventado. Se não tiver alguém para ajudar, pratique por conta própria usando qualquer nome que venha à sua cabeça. Praticando com seu eventual ajudante, mude os papéis para que ele também tenha a oportunidade de dominar esse truque para a memória. Seja ao praticar a técnica, seja em uma situação da vida real, siga os passos listados abaixo:

1 **Já que sabe que vai repetir o nome e fazer uma pergunta sobre ele, sua mente já está prestando atenção. Assim que ouvir o nome da pessoa que acabou de conhecer, repita-o na forma de uma pergunta. "Bela?". Ela confirmará que você entendeu direito o nome.**

2 **Sua mente já ouviu o nome duas vezes — de sua boca e da boca da pessoa que você conheceu. Sua memória natural está fazendo o que sabe fazer: lembrar-se de uma informação importante. Como já ouviu o nome duas vezes, sua memória percebe, "Isso é importante".**

3 **Em seguida, acione sua memória com mais intensidade, fazendo uma pergunta relacionada ao nome. Há três métodos à escolha:**

a] Soletre-o: "Como se escreve seu nome?" ou "Escreve-se... (soletre o nome)?"
b] "É o diminutivo de... (o nome completo comum)?"
c] "Ah, igual... (mencione uma pessoa famosa com o mesmo nome)?"
Usando o nome "Bela" no exemplo dado, temos:
a] "Bela escreve-se com um ou dois 'l'?"
b] "É o diminutivo de Isabela?"
c] "Ah, como Bela Gil?"

De agora em diante, sua primeira conversa com alguém conhecido recentemente será sobre o nome dele. Essa técnica faz com que conhecer pessoas e lembrar seus nomes seja simples, fácil e divertido. Para levá-la para o próximo nível, continue lendo para ajudar outras pessoas a lembrarem-se de seu nome.

> **DICA | ORGANIZE SUA MENTE**
>
> Para organizar um novo material em sua mente, conecte o que queira lembrar (o nome de uma pessoa, por exemplo) com algo que já sabe (o nome de um ator). Isso forma uma conexão em sua mente para ajudá-lo automaticamente a se lembrar de um quando pensar no outro.

[6] Ensinar as pessoas a lembrarem o seu nome

VOCÊ ESTÁ APRENDENDO alguns truques incríveis para a memória e vendo como eles são poderosos. Sua memória está melhorando, e as pessoas estão começando a notar. É possível usar seu recém-descoberto poder para melhorar a vida de outras pessoas. Você usará a técnica de "Lembrar de nomes" na página 19 não apenas para ajudá-las a lembrar seu nome, mas para apresentar-lhes uma técnica que podem utilizar para o resto de suas vidas. Será a sua retribuição.

A TÉCNICA: Explique o seu nome

Esta técnica é similar à anterior, mas os papéis são invertidos. As pessoas que você conhecer provavelmente estão se esforçando tanto para ouvir como para se lembrar dos nomes — como você mesmo costumava fazer. Na verdade, se observar cuidadosamente, poderá ver o momento em que um recém-conhecido percebe que já esqueceu seu nome. Poupe-o desse incômodo. Mencione que gostaria não só de lembrar o nome dele, mas também ajudá-lo a lembrar do seu. Para isso, soletre o seu nome, mencione um apelido relacionado ou uma forma curta do seu nome e/ou mencionar uma pessoa famosa homônima.

COMO FAZER

1 Na próxima vez que encontrar uma pessoa, use imediatamente uma ou mais das três perguntas da técnica para ajudar sua memória natural a fixar um nome na mente. Por exemplo: "Bela? B-e-l-a, certo? É apelido de Isabela?". Então você se apresenta e retribui fazendo o mesmo com o seu nome para o seu interlocutor.

2 Faça contato visual e mantenha a atenção do seu interlocutor. (Se ele se distrair com alguma coisa ao redor, espere!) Diga seu nome clara e lentamente. "Prazer em conhecê-la, Bela. Meu nome é..."

3 Escolha um ou dois métodos antecipadamente para ajudar seu interlocutor a se lembrar de seu nome: 1) como se escreve, 2) se o nome é apelido/forma curta de outro nome, e/ou 3) o nome de uma pessoa famosa (ou alguém que o interlocutor já conhece). Vou usar meu nome para esse exemplo:

> *"Prazer em conhecê-la, Bela. Meu nome é Brad. Para ajudá-la a se lembrar, menciono que Brad é a forma abreviada de Bradley, mas prefiro Brad. Provavelmente a melhor maneira de lembrar meu nome é pensar em quanto mais interessante seria se você estivesse falando com Brad Pitt em vez de comigo! Na verdade, imagine que Brad Pitt é meu melhor amigo e que ele está aqui por perto. Garanto que assim será mais fácil se lembrar do nome Brad."*

Você ajudou seu novo conhecido a se lembrar de seu nome e começou uma conversa divertida. Ele pode não perceber, mas o poupou do constrangimento de não ouvir ou de não lembrar de seu nome. É isso aí — nem todos os heróis usam capas!

[7] Lembrar onde estacionou o carro

JÁ PASSOU mais tempo procurando seu carro no estacionamento do shopping do que fazendo compras? Quando eu era jovem, meu pai dizia, "Lembre-se de onde está o carro... bem ao lado daquele branco". É claro, carros vêm e vão o tempo todo, e a cada três carros daquele bloco, um era branco! Surpreendentemente, porém, sempre soubemos onde o carro estava porque ele dirigiu nossa atenção não só para o carro branco próximo, mas também para a localização no estacionamento. Uma variação da técnica do meu pai vai permitir que você encontre seu carro rapidamente a partir de agora.

A TÉCNICA: Foque sua atenção

A razão pela qual demoramos a achar nosso carro no estacionamento é o fato de não estarmos prestando atenção. Mais tarde, quando saímos da loja e não conseguimos encontrar o veículo, é menos uma questão de esquecimento do que a de não reservar um tempo para guardar a informação em um primeiro momento. Você vai usar objetos próximos à vaga para se orientar e, aproveitando seus poderes de visualização e sua criatividade, vai prestar atenção à área onde estacionou seu carro. Leva menos de um segundo e é uma habilidade incrivelmente prática e fácil de desenvolver.

COMO FAZER

Estas são duas técnicas similares. A primeira é mais marcante porque usa mais a criatividade, mas a segunda é um pouco mais fácil e mais rápida.

OPÇÃO 1

1. Estacione o carro.
2. Ao sair do carro, pare um segundo para localizar a árvore mais próxima, a luz, o poste, a calçada, o semáforo ou outro objeto que estará lá quando você retornar. Não escolha focar em outro veículo.
3. Imagine o carro e o objeto escolhido interagindo. O seu veículo poderia saltar a calçada e invadir a loja mais próxima, um semáforo cair sobre ele, pegar fogo e queimar os arbustos próximos, ou o seu carro poderia recuar e bloquear o caminho para todos os outros veículos.
4. Pense se será capaz de ver a confusão imaginária que seu carro causou quando você tiver saído da loja. Isso ligará a loja ou o estabelecimento aonde foi com a direção da vaga.
5. Como um passo adicional, estime o ângulo da porta da loja para o carro. Serão cinco graus? Vinte? Está em linha reta em relação à entrada?

OPÇÃO 2

1 Estacione o carro.

2 Olhe para o estabelecimento ou edifício. O que você vê que possa ter alguma relação marcante com o local onde seu carro está estacionado? Muitas vezes, há uma placa grande com o nome da loja. Escolha a letra mais próxima da fila ou do lado em que você estacionou. Se estiver na RECEITA FEDERAL e estacionou à direita da entrada, a letra "D" de "FEDERAL" pode estar alinhada à vaga escolhida. Se estacionou na rua, estime quantos carros ou quantas vagas há entre o espaço em que você deixou o veículo e um ponto destacado como uma parada de ônibus ou um cruzamento.

Tente as duas variações dessa técnica para descobrir qual funciona melhor. Sua mente vai amá-lo, e você nunca mais terá de andar pelo estacionamento apertando a chave do carro procurando o sinal sonoro do seu alarme.

[8] Exercitar a memória com sua lista de compras

"**POR QUE DEVERIA** memorizar a lista de compras? Posso simplesmente anotar ou usar meu celular para me lembrar". Recomendo a memorização da sua lista de compras como uma forma fácil e sem pressão de exercitar sua memória. Com apenas alguns minutos usando uma técnica divertida, será possível exercitar sua memória, o que poderá ser aplicado em outras áreas mais importantes de sua vida.

A TÉCNICA: Seja criativo

Esta é uma das técnicas mais divertidas do livro. A ideia é conectar cada item em sua lista de compras usando a criatividade. Deixe seu lado lúdico aflorar e lembre-se da sigla CATT: adicionar **C**or, **A**ção, **T**amanho e **T**extura para suas imagens. Transforme a alface em uma bola de boliche pesada e use-a para derrubar a enorme embalagem de leite. Consegue se imaginar rolando a alface do corredor das verduras até a prateleira do leite? Com essa técnica, será possível desenvolver sua capacidade de pensar rapidamente "fora da caixinha" e provar o quão fácil pode ser lembrar de qualquer coisa.

Adoro esse método porque ele o deixa livre para escolher: você pode experimentar lembrar-se de dois a vinte itens da sua lista de compras; a decisão está nas suas mãos. Não há o que temer, já que você ainda vai levar consigo a lista e usá-la quando precisar. É possível começar aos poucos, pensando em dois ou três itens mais importantes. Assim que comprovar o sucesso da técnica, você pode adicionar mais e mais itens até que tenha memorizado a lista completa.

COMO FAZER

1. Escreva sua lista de compras.
2. Escolha alguns itens a serem lembrados. Recomendo selecionar os mais importantes.
3. Visualize a entrada da loja.
4. Use a imaginação para pensar no seu primeiro item na entrada da loja. Superdimensione-o a tal ponto que ele ocupe bastante espaço, derrame-o se for líquido, desembrulhe-o ou mude a forma dele para que se torne marcante. Alguns exemplos: espalhe o tempero por todo o chão e imagine o cheiro dele ao entrar na loja; uma embalagem enorme de leite com o líquido vazando e inundando a área em quase um metro de altura; ou imagine devorar um pão gigante para conseguir entrar na loja.
5. Relacione, de forma inusitada, um item ao outro. Se imaginou primeiro uma piscina de leite, em seguida visualize usar uma enorme fatia de pão para absorver o líquido.
6. Continue desenvolvendo o enredo inusitado usando efeitos visuais exagerados. Este não é o momento de ser previsível e imaginar uma caixa de leite de tamanho normal ao lado de um pão de forma. Viaje na maionese! Aliás, você por acaso precisa comprar maionese?
7. Ao caminhar até a entrada da loja, visualize a narrativa criada na sua mente.
8. Enquanto faz compras, a história ainda deve estar em sua cabeça. Se não estiver, pense na entrada da loja e revisite a história.

9 **Quando estiver na fila do caixa, imagine o enredo bizarro que você criou se desenvolvendo na entrada da loja. Confirme se os itens que o protagonizaram estão mesmo no carrinho.**

À medida que progride, tente adicionar mais itens a cada ida às compras. Varie a localização da história para não confundir uma lista de compras com a outra.

DICA | AJUDE A MENTE A SE LEMBRAR COM IMAGENS VÍVIDAS E CRIATIVAS

Suas imagens criativas devem ser interessantes e incomuns, ser inesquecíveis para sua mente. Exagere! As imagens devem ter itens do acrônimo CATT, incluindo um ou mais destes itens: 1) **Cor**, 2) **Ação**, 3) **Tamanho**, e 4) **Textura**.

[9] Lembrar se tomou ou não o remédio

"**TOMEI** meu remédio hoje? Acho que sim..., mas talvez tenha tomado só ontem." Lembrar algo rotineiro é difícil porque ele acontece repetidamente e de forma automática. Mas esquecer de tomar medicamentos ou tomá-los duas vezes inadvertidamente pode ter um impacto enorme. Usar este método simples facilitará seu embate com a memória.

Mas aqui está um alerta: tomar remédios é coisa séria. Esta técnica o ajudará a lembrar *se* tomou seu remédio, mas programe um alarme para lembrá-lo *quando* deve tomar seu remédio. Também anote se você o tomou ou se agendou para tomá-lo. Use a memória como um meio *auxiliar*, não principal, para garantir que está se medicando. Isso é importante demais para confiar apenas em sua memória.

A TÉCNICA: Perceba e faça barulho

Esta técnica liga o corriqueiro e facilmente esquecido com algo mais memorável. Há sempre alguma coisa acontecendo por perto que atrai nossa atenção, como o canto de um pássaro na nossa janela, o clima lá fora, como nos sentimos, o rádio ou a televisão ligados. Quando direciona a consciência para o evento externo e usa sua voz e um ruído, você condiciona sua mente a lembrar o momento e o que mais fez, como ter tomado o remédio. Mais tarde, se não tiver certeza do que fez, vai se lembrar imediatamente das palavras e dos ruídos que usou e isso vai tranquilizá-lo quanto a ter tomado seu remédio.

Há duas questões aqui. Uma é que você precisa lembrar de tomar o remédio segundo os alertas agendados, como apontei anteriormente. A outra é lembrar se já tomou ou não o remédio. Ambos são fáceis de esquecer. Essa técnica adiciona uma garantia extra do cumprimento da rotina de tomar seus medicamentos.

COMO FAZER

1. **De agora em diante, quando for tomar o medicamento, diga a si mesmo em voz alta que está fazendo isso.**
2. **Acrescente um comentário que chame sua atenção para o momento. Coisas a notar são o dia e a hora, o que está acontecendo dentro ou fora de sua casa, o clima e como você se sente. Por exemplo, "Estou tomando meu remédio matinal às oito horas. Terça-feira. Está chovendo, e me sinto cansado, mas um belo pássaro pousou na minha janela".**
3. **Acrescente um efeito sonoro depois de dizer: bata palmas, bata o pé, assobie, estale a língua ou os dedos. Faça escolhas diferentes entre esses movimentos cada vez que tomar seu remédio para não se confundir.**

Essa técnica funciona por diversas razões. Primeiro, porque você está trazendo sua atenção para o ato de tomar o remédio e não mais fazendo isso com o pensamento em outra coisa. Segundo, porque falar sobre o que está acontecendo ao seu redor deixa um registro do momento, auxiliando sua memória natural. Terceiro, pois fazer um ruído funciona como um lembrete extra. Agora sua atenção está focada, você está fazendo barulho e memorizando.

[10] Nunca esquecer um rosto

MUITAS PESSOAS TÊM dificuldade para lembrar nomes, mas dizem, "Eu nunca esqueço um rosto!". Há outros, no entanto, que têm mais dificuldade para reconhecer as feições das pessoas. Nesse caso, elas se esforçam para lembrar a fisionomia do interlocutor, depois se esforçam para lembrar o nome dele. Este método ajuda a desenvolver o hábito de notar melhor as características faciais das pessoas.

A TÉCNICA: Escaneamento facial

As fisionomias têm muitas características comuns que antes você ignorava, mas agora vai começar a notar. Comece fazendo uma varredura facial, considerando os detalhes maiores do rosto e avance prestando atenção aos menores até que sinta que pode fechar os olhos e imaginar as feições faciais do interlocutor. O processo de pensamento e o objetivo geral são o seguinte: "Como eu poderia descrever o rosto dessa pessoa tão bem que alguém que nunca a viu pudesse reconhecê-la?".

COMO FAZER

1. **Quando conhecer uma pessoa que queira se lembrar, faça um escaneamento da cabeça e do rosto dela enquanto vocês conversam. Nomeie mentalmente as formas percebidas.**
2. **Comece com a forma da cabeça do interlocutor. É redonda — de comprimento e largura semelhantes? Oval? Oblonga — que é mais alongada e mais estreita do que a oval? Ou o rosto é quadrado, com a largura da linha da mandíbula semelhante à da testa? As formas faciais menos comuns são de diamante, de coração e de pera, o que pode ser mais difícil de notar; muitas pessoas se concentram nas primeiras quatro formas.**
3. **Observe em seguida os olhos do interlocutor. Eles são caídos? Mais próximos ou mais distantes um do outro? Grandes? Estreitos? Profundos?**
4. **Que tipo de nariz ele tem? Chamativo? Grande (pense em Albert Einstein) ou irregular? Romano, como podemos notar em uma escultura antiga? Largo ou estreito? Bulboso ou pontiagudo?**

5 Finalmente, que tipo de boca ou lábios tem seu interlocutor? São lábios finos ou grossos? Estreitos ou largos? Redondos ou pontiagudos? A boca tem forma de coração? Um lábio é mais estreito do que o outro?

6 Faça mais uma rápida varredura do rosto da pessoa, dessa vez nomeando mentalmente cada parte: "Cabeça redonda, olhos largos, nariz protuberante, lábios estreitos".

7 Procure quaisquer outras características que se destaquem, como sardas, uma verruga ou orelhas pequenas ou grandes.

8 Registre brevemente o penteado e a cor do cabelo, a maquiagem, piercings, mas tenha em mente que essas características podem mudar ao longo do tempo.

9 Assim que terminar de falar com a pessoa, recrie mentalmente o rosto dela enquanto repete para si mesmo as características observadas.

10 Todas as noites, ao escovar os dentes, reveja os rostos das pessoas que você conheceu naquele dia. Imagine-as escovando os dentes ao seu lado e veja o rosto delas no espelho do banheiro.

A princípio pode ser difícil perceber e descrever as características, mas com a prática isso se tornará uma ação quase inconsciente. Você escaneará automaticamente o rosto das pessoas e será mais fácil lembrar a imagem de cada uma delas.

DICA | REVISE ENQUANTO ESCOVA OS DENTES

Dentistas recomendam que escovemos os dentes duas vezes ao dia por cerca de dois minutos cada vez. Esse é o tempo perfeito para rever mentalmente o que você quer lembrar. Se é o nome das pessoas que conheceu recentemente ou os títulos dos livros que já tenha lido, reserve esse tempinho para revisar e guardar na memória.

[11] Recordar os números e os horários dos voos

TIVE DE PEGAR UM AVIÃO recentemente e quando olhei para o painel das chegadas e partidas no aeroporto, havia seis voos programados para o meu destino. Qual deles era o meu? Pelo fato de eu ter usado esta técnica para memorizar o número do voo, foi fácil identificá-lo no painel, mesmo o portão de embarque tendo mudado. Parece difícil lembrar os números de voo, horários e portões de embarque? Não só não é, como também é muito mais fácil do que usar um pedaço de papel ou o smartphone para ficar consultando as informações a todo momento.

A TÉCNICA: Método DOPH

Os números parecem difíceis de lembrar porque raramente têm significado para nós. A solução é tanto decidir lembrar como de atribuir um significado aos números. Use o Método DOPH para converter criativamente os números em:

- Dinheiro
- Objetos
- Pontuações esportivas
- Hora

COMO FAZER

Seu voo 8631 para Miami sai às 9h35 da manhã. Para que esses números sejam fáceis de lembrar, é preciso torná-los mais interessantes.

1. **DINHEIRO. Transforme os números do voo em uma cifra incluindo os centavos e, então, pense no que poderia comprar com essa quantia. Com o que gastaria se tivesse uma quantia extra de R$ 86,31 ou de R$ 8.631?**
2. **OBJETOS. Os números o lembram algum objeto? Talvez você tenha comprado seu primeiro carro em 1986 e talvez você tenha chegado a 31 assinaturas na sua coleção de autógrafos.**
3. **PONTUAÇÕES ESPORTIVAS. O número inspira uma comparação a um esporte do qual é fã? Você poderia correr uma meia maratona no tempo de 86'31"? Seu time preferido já alcançou 86 pontos no campeonato?**

4 **HORAS.** O voo 8631 não se relaciona com as horas em um relógio, mas pode se relacionar com a passagem do tempo. Você conhece pessoas com 86 ou 31 anos? Imagine-as interagindo.

VARIAÇÃO PARA O HORÁRIO DO VOO

Você também pode usar o Método DOPH para o horário do voo, ou, se quiser mudar um pouco, pode optar pelo Método das Refeições e do Dinheiro. Veja como:

1. **De que refeição o horário da partida é mais próximo? Se for às 9h35 da manhã, é um horário mais próximo do café da manhã.**
2. **Agora mude o tempo para uma quantia em dinheiro: "Meu voo sai às 9h45 da manhã, então vou comer no aeroporto. O que será que posso comprar lá por R$ 9,45?".**

DICA | IR PARA O PORTÃO DE EMBARQUE CORRETO

Como recordar o número do portão de embarque? Fácil: 1) Relacioná-lo com um alimento, começando com a letra do portão: portão A (arroz), portão B (banana), portão C (coxinha); 2) Imagine que o número do portão é a quantidade de alimentos que você come ou o preço deles. Por exemplo, portão A4: faça malabarismos com quatro abacates enquanto corre para pegar seu voo. Portão C18? Imagine quantas coxinhas é possível comprar com R$ 18 no aeroporto.

[12] Lembrar de placas de carros

VOCÊ SABE o número da placa do seu carro? É necessário saber? Talvez um dia precise lembrá-la de cor e evitar ter que ir até o estacionamento só para confirmar. Os hotéis frequentemente solicitam esse número na hora do check-in e vai ser importante caso seu carro seja rebocado. E que tal lembrar o número da placa do carro que acabou de causar um acidente, mas cujo motorista fugiu do local? Felizmente, memorizar esses números é mais fácil do que você imagina.

A TÉCNICA: Sistema de Imagens do Alfabeto

Lembre-se das letras em uma placa de carro ao transformá-las em imagens curiosas usando o Sistema de Imagens do Alfabeto. Essas figuras são formadas conectando-se cada letra do alfabeto a um item de fácil visualização mental. Prefiro comida: abacate, banana, coxinha, damasco, espaguete, feijão etc. Não é preciso se limitar aos alimentos, é claro — use animais, pessoas, ou qualquer outra coisa que considere passível de memorização. Personalize sua lista para que consiga visualizar mentalmente cada letra da placa do seu carro. Em seguida, combine esta técnica com o Método DOPH (ver página 30).

COMO FAZER

1. **Usando o Sistema de Imagem do Alfabeto, converta cada letra da placa do carro em uma imagem.**
2. **Memorize cada um dos números da placa usando o Método DOPH para transformá-los em dinheiro, objetos, pontuações esportivas ou horários.**
3. **Use sua criatividade para elaborar uma história sobre o número da placa. Não deixe de incluir ação, exagerar nas proporções e adicionar cor e textura para tornar a história ainda mais interessante. Aqui estão alguns exemplos:**

    3D1979: Imagine três (3) **D**amascos que tenham sido colhidos e desidratados em 1979. Pense em alguma coisa específica que aconteceu naquele ano e como os damascos ficaram depois de todo esse tempo.

    EJU7909: **E**spaguete com **J**aca e **U**va custa R$ 79,09.

    756WBR: Quase às oito horas (756), um **W**afer caiu de um **B**alão dentro de um pote de **R**equeijão.

    6TRJ244: Imagine seis (6) **T**ratores cobertos de **R**úcula e **J**iló. Os dois primeiros (2) são 4x4 (44).

DICA | ENTRETENHA UMA "CRIANÇA ENTEDIADA"

Às vezes é difícil ser criativo. Para entrar em contato com sua criatividade, imagine que há uma criança muito entediada sentada na sua frente e o entretenimento dela está nas suas mãos — ou prepare-se para sofrer as consequências de um ataque de pirraça. Invente uma história maluca para fazer a criança rir.

[13] Lembrar números usando o Sistema Simples

O MÉTODO DOPH (ver página 30) tem suas limitações quando se trata de lembrar os números. Às vezes pode ser difícil converter números em imagens usando dinheiro, objetos, pontuações esportivas ou horários. Uma vez que os números integram o conjunto das coisas que as pessoas têm dificuldade para lembrar, precisamos de outro método quando o DOPH não for o mais indicado. O Sistema Simples é tão fácil que recomendo que, depois de aprendê-lo, você mesmo o ensine a seus amigos e familiares. Pratique enquanto faz compras para dominá-lo rapidamente.

Há dois outros sistemas de números mais adiante no livro, portanto não se atenha a nenhum deles até que tenha lido os quatro; só depois é possível decidir qual é o melhor para as suas necessidades.

A TÉCNICA: Sistema Simples

Ao contrário do Método DOPH, o Sistema Simples tem imagens pré-definidas já atribuídas a cada número. Cada número de 0 a 9 representa uma imagem baseada em como ela se parece ou em alguma coisa que ela faz lembrar. Veja um exemplo a seguir, mas você pode usar a imaginação para personalizar as imagens:

0 Um ovo ou uma bola de beisebol
1 Uma vela ou um taco de beisebol
2 Um patinho na lagoa (clássico!)
3 Triciclo

4 Cadeira com quatro pernas ou as quatro estações do ano
5 Parece um anzol, então pense em um anzol ou, por correlação, em um peixe
6 "Éramos seis", pequeno clássico da literatura brasileira
7 Gato (sete vidas)
8 Polvo
9 Pingo no pé, nove é

Para números maiores, as imagens vão ser combinadas. 88 poderia ser dois polvos dançando, por exemplo. O sistema pode ser expandido, dependendo apenas de sua criatividade. Alguns são de fácil composição. Por exemplo:

10 Nota 10!
11 Um time de futebol inteiro
16 Idade mínima para votar no Brasil
18 Maioridade civil
21 Blackjack
51 Uma boa ideia

COMO FAZER

1 Crie uma lista numerada de 0 a 9. Depois, use os exemplos como um guia e crie sua própria lista de imagens.

2 Para começar a usar esse sistema, pratique com as placas dos carros ou com qualquer número que você veja ao longo do dia. Quanto mais praticar, mais o raciocínio se automatiza e tornase inconsciente e, assim, mais números você lembrará. É possível também praticar fazendo compras. Por exemplo:

Os biscoitos custam R$ 2,81. Imagine dá-los aos patos (2) enquanto você vai para o aquário ver um polvo (8) que estica um tentáculo para pegar um taco de beisebol (1) ao lado do aquário.

Por que se preocupar em lembrar dos números?

Este é o momento perfeito para abordar a grande questão: por quê? Por que se preocupar em lembrar quanto custam os biscoitos ou os números das placas de carros aleatórios na rua ou qualquer outro número aparentemente insignificante? Aqui estão algumas razões que dão sentido a aprender e a praticar um sistema ou método para lembrar números:

- É uma maneira fácil e divertida de exercitar a mente.
- Melhora o foco.
- Lembrar coisas menos importantes nos prepara para lembrarmos das mais importantes.
- Pode ajudar a mente a permanecer jovem e afiada.
- Desenvolve a criatividade.
- A habilidade de lembrar números impressiona as pessoas!

[14] Memorizar o mês de datas importantes

AS PESSOAS SEMPRE FICAM gratas quando datas especiais para elas são lembradas — ainda mais se a lembrança é espontânea, e não por meio das redes sociais ou por aquele parente que está sempre acompanhando as coisas! Neste truque de memória, você aprenderá como visualizar mentalmente cada mês, assim conseguirá lembrar datas importantes e, consequentemente, demonstrar que se importa com as pessoas ao seu redor. Tenha em mente, todavia, que você ainda precisará relacionar esta técnica à data real, aqui é apenas um trabalho preparatório.

A TÉCNICA: Sistema de Memorização do Mês

O Sistema de Memorização do Mês depende da associação de cada mês com uma imagem para ajudá-lo a lembrar melhor os meses de datas importantes. Essas imagens serão utilizadas em técnicas mais avançadas neste livro para lembrar de eventos, datas e prazos.

Embora eu vá incluir um exemplo, será preciso considerar o que cada mês lembra a você, muitas vezes um feriado ou um evento. Use o que vier à mente primeiro, pois provavelmente será a primeira ideia que trará a lembrança à tona da próxima vez também. Isso é o que torna o ato de lembrar ainda mais fácil por esse sistema.

COMO FAZER

1. **Pense em cada mês do ano por um tempo. Qual feriado ou imagem vem à mente? (Lembre-se de que nem todos os meses de novembro a abril podem ser "chuva" ou "calor"!) Escolha uma imagem mental criativa para cada mês usando as minhas sugestões ou suas próprias ideias.**
2. **Adicione detalhes a cada imagem usando a sigla CATT — uma combinação de Cor, Ação, Tamanho exagerado e Textura para trazer imagens instantaneamente à sua mente mais tarde. Quando você pensar em um determinado mês a partir de agora, a imagem deve saltar na sua consciência da mesma forma como você se lembra do ícone de seu aplicativo favorito ou do programa de software que mais usa.**
3. **Quando estiver escovando seus dentes esta noite, reveja mentalmente os meses para confirmar se tem uma imagem consolidada para cada um deles. Se ainda não consegue pensar instantaneamente na imagem do mês, crie uma e adicione muitos detalhes do CATT para que ele se fixe na sua mente.**

Veja um exemplo:

Mês	Feriado ou evento	Outras ideias
Janeiro	Ano Novo (ano que começa ou o tempo na sua marcha contínua)	Resoluções
Fevereiro	Carnaval (diversão, descanso)	Fugir para o campo
Março	Fim do Verão, Dia Internacional da Mulher	Chuvas
Abril	Páscoa (família, amigos), Descobrimento do Brasil, Fim da II Guerra Mundial	Chocolate

Maio	Feriado do Dia do Trabalho, Dia das Mães (mãe), Libertação dos Escravos no Brasil	Mês das noivas
Junho	Festas Juninas, Feriado Corpus Christi (primeira metade do ano já foi)	Frio
Julho	Férias Escolares (pausa)	Filhos
Agosto	Dia dos Pais (saudade ou celebração), Suicídio de Getúlio Vargas	Mês do desgosto
Setembro	Dia da Independência, Primavera	Flores
Outubro	Dia das Crianças, Mês da Padroeira do Brasil (Nossa Senhora Aparecida)	Romeiros
Novembro	Feriado de Finados e da Proclamação da República	Dia da Consciência Negra
Dezembro	Dia Internacional dos Direitos Humanos, Dia do Samba, Natal	Festas (enfeites, presentes, ceia)

[15] Lembrar os números do passaporte e sua data de renovação

NAS VIAGENS AÉREAS INTERNACIONAIS, somos solicitados a preencher um formulário de alfândega e imigração que inclui detalhes do nosso voo (o qual facilmente nos lembraremos com a técnica da página 30) e do número do passaporte. Ao conhecer duas técnicas diferentes de memorização numérica, você consegue guardar na memória o número do passaporte mais rapidamente.

Com o Método História, você nunca mais precisará incomodar seus vizinhos de poltrona revirando a bolsa de mão à procura do passaporte. E ainda terá um bônus: as pessoas vão pensar que você é superinteligente porque consegue se lembrar de uma sequência alfanumérica com oito dígitos!

A TÉCNICA: Método História

A maioria dos passaportes dos Estados Unidos possui nove dígitos. A técnica para memorizar o número de passaporte é criar uma história mnemônica usando esses números. Dê uma imagem a cada número, usando qualquer ideia que vier à sua cabeça, como o placar de algum jogo ou uma quantia em dinheiro do Método DOPH (ver página 30), uma ideia do Sistema Simples (ver página 33), ou algo mais que faça sentido para você. A ideia é criar uma história para ser memorizada, então torne-a tão real quanto qualquer programa de televisão ou filme a que você assistiu recentemente.

COMO FAZER

1. **Encontre seu passaporte (lembrar onde o guardou pode ser a parte mais difícil dessa técnica!).**
2. **Altere os números em imagens usando o Sistema Simples ou o Método DOPH.**
3. **Crie uma história divertida usando as imagens do sistema numérico.**
4. **Adicione a imagem ou ideia do passaporte, assim, quando você pensar nele, vai imaginar as figuras restantes da história.**
5. **Feche seus olhos e recrie a narrativa três vezes, acrescentando mais detalhes que fazem parte do acrônimo CATT (Cor, Ação, Tamanho e Textura) a cada vez.**
6. **Reproduza a história criada hoje à noite e amanhã de manhã enquanto escova seus dentes. A repetição espaçada da mentalização cria um registro inesquecível.**
7. **Expanda a técnica ao incluir o mês e o ano de validade do passaporte na narrativa. Converta o mês em uma imagem usando o Sistema de Memorização do Mês (ver página 35) e ligue-a à história junto com os dois últimos dígitos do ano, que você traduziu em imagens. Para ter certeza de que elas são vívidas o bastante, revise esses detalhes.**

Veja um exemplo:

Passaporte nº 477746623, validade: agosto de 2027

Imagine seu time de basquete perdendo de 47 a 77 ou a equipe de beisebol que você mais segue com uma média de placar de 47 a 77 durante toda a temporada. Você se senta em uma cadeira (4) em um parque, deprimido, enquanto folheia o livro "Éramos Seis" (6, 6) e vê um patinho (2) no lago e uma criança passar em um triciclo (3). Finalmente, você pega seu passaporte para visitar seu pai (agosto, Dia dos Pais) em um país com temperatura amena no verão, somente 27 graus Celsius.

[16] Lembrar instantaneamente de trajetos para lugares desconhecidos

PEDIR INFORMAÇÕES sobre trajetos ou a localização de lugares para visitar durante uma viagem é uma ótima maneira de conhecer pessoas interessantes e descobrir lugares encantadores que apenas os moradores locais conhecem. Lembrar o caminho depois, no entanto, pode ser complicado. Após virar para a direita ou para a esquerda pela segunda ou terceira vez, nossos olhos parecem não distinguir mais as rotas. Embora geralmente possamos confiar em nossos celulares ou GPS, por que não tentar lembrar de cor o caminho correto, em caso de necessidade?

A TÉCNICA: Sistema de Deslocamento

Memorizar instantaneamente o nome de um local recomendado e as instruções para chegar lá não exige tanto esforço assim. Você só vai precisar transformar as informações em imagens mentais criativas e conectá-las usando o Método História. Primeiro, escolha algumas imagens mentais para os trajetos — este é o seu próprio Sistema de Deslocamento. A seguir estão algumas sugestões para a conversão dessas imagens:

- Esquerda = se você é destro, pense em alguma coisa que você consegue fazer com a mão esquerda.

- Direita = se você é canhoto, pense em alguma coisa que você consegue fazer com a mão direita.
- Norte = pense em um país do hemisfério norte ou em um estado do Norte do Brasil que você considera notável por alguma razão.
- Sul = faça o mesmo que fez com Norte.
- Leste = algum país da Ásia ou do leste europeu chama sua atenção?
- Oeste = pense no Meio-Oeste americano que vemos nos filmes de bangue-bangue.

Esquerda e direita são muito usadas na nossa rotina, portanto é quase certo que você tenha imagens sólidas para eles.

COMO FAZER

Durante a viagem de férias, você pede a um morador local uma sugestão de restaurante. Ele diz: "Experimente o Dizzy Cow. Vire à direita na Lake Street, siga por dois quarteirões até a Broadway e vire à esquerda. São quatro quarteirões à sua direita".

1 **Mude o nome do local para uma imagem. Use sua imaginação e escolha uma imagem tão bizarra que seja inesquecível.**

2 **Converta as direções em imagens. Associe cada imagem ao nome da rua. Use imagens do alfabeto (ver página 32) para converter a primeira letra do nome de cada rua em uma imagem, se você não conseguir imaginar rapidamente o nome da rua. Não tenha medo de pedir à pessoa que está dando as instruções para falar mais devagar ou repetir alguma informação se precisar de mais tempo.**

3 **Conecte cada passo em uma sequência como em histórias ou filmes. Veja um exemplo:**

> ***Imagine uma vaca tonta (dizzy cow, em inglês) esbarrando nas mesas do lado direito do restaurante.***
>
> ***"À direita na Lake Street."***

Imagine encontrar um cortador de unhas perto de um lago. Comece a cortar as unhas enquanto segue no caminho.

"Continue por dois quarteirões até a Broadway e vire à esquerda."

Você usando a mão esquerda para cortar as unhas da mão direita até a Broadway (imagine que esteja na famosa região de Nova York). Pense que quando chegar na esquina principal, vai passar a usar a mão direita para cortar as unhas da mão esquerda.

"Quatro quarteirões à sua direita."

No Sistema Simples (ver página 33) 4 é a imagem de uma cadeira. Imagine então que você está sentado em uma cadeira cortando as unhas da pata direita da vaca tonta.

O esforço para praticar essa técnica vai ajudar a acionar sua memória natural. Quando se der conta, você vai estar usando uma combinação do método — "Sim, era bem aqui, eu me lembro de cortar as unhas da pata direita da vaca" — com a sua memória natural — "Não me recordo exatamente o que as imagens eram, mas lembro que é uma esquerda aqui e quatro quarteirões em frente" — porque você está tão concentrado que... vai acabar se lembrando!

Pratique no caminho para seu restaurante favorito, convertendo as etapas até lá em imagens mentais à medida que o percorre. Você estará pronto para utilizar a técnica na próxima vez que for a um lugar pela primeira vez.

[17] Lembrar suas senhas

LEMBRAMOS A NOSSA senha do caixa eletrônico porque a usamos com frequência, mas você consegue guardar na memória todas as outras senhas? Como é que pode um número de quatro dígitos ser tão difícil de lembrar?

Ao criar uma história sobre cada cartão de débito ou de crédito, é possível lembrar mais facilmente de todas as suas senhas. Não fique mais hesitante quando, ao telefone, o serviço de atendimento ao cliente para o qual você ligou perguntar qual é seu código de segurança, nem fique mais constrangido quando, em uma loja, você tiver de digitar sua senha.

A TÉCNICA: Sistema de Rima com Números

O Sistema de Rima com Números, ou simplesmente Sistema da Rima, converte números em imagens, com base na rima que cada número sugere. Depois você pode facilmente criar uma história divertida que inclua a ideia ou a imagem de cada cartão de crédito ou empresa que necessite de uma senha ou código de segurança.

Os números de identificação pessoal são geralmente curtos: a maioria é de quatro a seis dígitos, o que é perfeito para o Sistema da Rima. A chave é simplesmente pegar as palavras rimadas e criar histórias bobas, mas que sejam, ao mesmo tempo, memoráveis

COMO FAZER

1 **Pegue a sua senha do caixa eletrônico, cartões de crédito e a senha associada com cada um deles. Você pode precisar pedir para a empresa do seu cartão de crédito que ela emita uma nova combinação de números se você não tiver essa informação à mão.**

2 **Para os números de 0 a 9, pense em uma palavra que rime com eles e crie uma imagem dessa palavra em sua mente. Veja a seguir um exemplo, que pode ser personalizado usando palavras e imagens que funcionam para você. Lembre-se, tudo o que tem de fazer é rimar o número com outra palavra que você pode imaginar com facilidade.**

Número	Rima
0	Homero (poeta da Antiguidade)
1	Cancun (cidade turística)
2	Baião de dois (comida)
3	Português (nossa língua)

4	MPB4 (conjunto musical)
5	Ornitorrinco (animal bizarro)
6	Reis
7	Confete
8	Biscoito
9	Karamazov ("Os Irmãos Karamazov", clássico da literatura)

3 Imagine seu banco ou instituição financeira. Use as cores do logotipo ou da localização física da agência. Forme uma imagem marcante ou não conseguirá criar uma história mnemônica. Use essa imagem como o primeiro elo para a sequência da história.

4 O segundo elo é a imagem associada com o primeiro dígito da senha. Conecte os dois usando muitos detalhes da sigla CATT (Cor, Ação, Tamanho e Textura) para que a narrativa seja marcante.

5 Continue convertendo cada dígito em uma imagem e o conecte com uma história.

6 Revise a história inteira, acrescentando o máximo de detalhes que conseguir.

Veja um exemplo:

Caixa eletrônico do Hometown Bank: 1508

Imagino meu operador de caixa favorito do Hometown Bank indo para o trabalho. Ele acabou de voltar de Cancun (1), onde foi passar férias, e viu um ornitorrinco (5) no zoológico lendo a "Odisseia", de Homero (0), e comendo biscoito (8).

7 Teste-se após trinta minutos e novamente no dia seguinte para fixar a história e os números na sua cabeça.

[18] Lembrar os números do cartão de crédito com o Sistema Principal

ALGUMAS PÁGINAS ANTES, você aprendeu a técnica para se lembrar do número do passaporte. A mesma técnica pode ser usada para o número do cartão de crédito. Se você precisa se lembrar de muitos números, no entanto, há uma técnica melhor do que o Sistema Simples e o Método DOPH. Aqui, você aprenderá o Sistema Principal, que é o que a maioria dos participantes de competições de memorização usa para lembrar números longos e aleatórios em questão de minutos.

Este sistema robusto requer algum trabalho extra no início, mas torna o processo de memorização mais rápido à medida que for avançando. Analise e pondere se, no seu caso, adotar este sistema vale o esforço extra que ele requer. Para a maioria das pessoas, outros sistemas de número são melhores.

A TÉCNICA: Sistema Principal

Não fique sobrecarregado com a explicação a seguir — tentar esta técnica é muito mais fácil do que a leitura faz parecer! O Sistema Principal é uma técnica mnemônica cuja invenção é atribuída a Pierre Hérigone, no início dos anos 1600. Nele, cada número é representado por uma ou mais consoantes. Estas são, então, utilizadas em combinação com vogais (assim como y, w e k) para criar palavras que possam ser usadas para lembrar os números. Já está confuso? Aguente firme — é fácil, basta começar.

Minha versão do sistema é um pouco diferente da dos outros e também a simplifiquei para este livro. Não se prenda. Leia tudo antes para entendê-lo, tendo em mente que ele é um sistema muito maior do que 99% dos leitores deste livro alguma vez precisarão!

O SISTEMA PRINCIPAL MODIFICADO EXPLICADO

Número	Letra/Som	Como Lembrar
0	z	Z de zero
1	T	T têm um traço descendente
2	n	n tem dois traços descendentes
3	m	m tem três traços descendentes
4	r	4 tem um r como a última consoante
5	l	L é 50 em algarismo romano
6	ch	Chover tem 6 letras
7	K ou ca	A letra K parece com dois números 7 caídos, um em cada lateral
8	f	Um figo sobre o outro (4 letras + 4 letras = 8) lembra o desenho de um 8
9	p ou b	p e b parecem um 9 invertido

IMAGENS

Número	Imagens	Número	Imagens
0	Zoológico	7	Potássio (**K** na tabela periódica)
1	**T**aco (de beisebol)	8	**F**igos
2	**N**oz (duas metades)	9	**P**au-**b**rasil
3	**M**ar	10	t+z = **T**ar**z**an
4	**R**uas	11	t+t = **T**e**t**o
5	**L**agoa	23	**N**a**m**íbia
6	**Ch**uva	24	n+r = **N**e**r**o

COMO FAZER

O melhor uso do Sistema Principal é lembrar números longos (ou muitos números em geral). Por ser um sistema de dois dígitos, em vez de um único dígito como as outras formas de lembrar os números que você já viu até agora, é mais rápido e mais versátil. No entanto, no geral, o método permanece o mesmo.

1 Familiarize-se com o Sistema Principal; ou veja se ele é mais do que você precisa e, se assim for, use um dos outros sistemas de números que você aprendeu.

2 Traduza cada par de números (ou dígitos simples) do seu cartão de crédito em uma imagem adequada.

3 Relacione cada imagem a uma história.

4 Adicione a data de validade do cartão usando o Sistema de Memorização do Mês (ver página 35) e um sistema numérico de sua escolha.

5 Acrescente à história os três ou quatro dígitos do número de segurança.

6 Reveja algumas vezes, acrescentando detalhes.

7 Teste você mesmo após uma hora. Traduza a história de volta para números e olhe para o seu cartão de crédito para verificar se coincidem. Conserte qualquer problema acrescentando mais detalhes do acrônimo CATT (Cor, Ação, Tamanho e Textura) para sua história.

Veja um exemplo:

Mastercard

5105223577532190

Validade Novembro 2025

Código de Segurança 769

51= l+t = lagoa de tacos de beisebol

05 = zoológico com lagoa

22 = n+n = duas nozes

35 = m+l = mola

77 = c+k = cocada

53 = l+m = lama

21 = n+t = nata (do leite)

90 = b + z = bezerro

Novembro = Proclamação da República

2025 = n+l = Nilo (rio)

769 = 7 e 6 = ca+ch = cachimbo + 9 = pau-brasil = cachimbo de pau-brasil

***História:** Imagino usar meu cartão de crédito para pagar a entrada no zoológico, no feriado de 15 de novembro. Dei uma volta na lagoa do zoológico comendo duas nozes e uma cocada com creme de nata, mas acabei sujando a roupa com lama porque me distraí olhando o crocodilo do Nilo fumar um cachimbo de pau-brasil depois de devorar um bezerro.*

Continue a história você mesmo ou tente aplicá-la ao seu cartão de crédito.

Este sistema exige algum esforço inicial, mas vale a pena se é frequente a necessidade de relembrar o número de seu cartão de crédito ou de outros números. Faça uma tentativa com um cartão de crédito para constatar o quão longe você chegou.

[19] Lembrar o que a família diz

CRIANÇAS DE uma certa idade podem falar muito. Assim como os cônjuges, amigos, irmãos e pais. Como podemos nos lembrar de todas as coisas que dizem? Se frequentemente esquecemos o que eles nos falam, somos acusados de ter uma memória ruim, na melhor das hipóteses, de estarmos desinteressados ou, na pior das hipóteses, até de sermos pouco atenciosos. Embora chamemos isso de "esquecimento", o problema geralmente não é com nossa memória; a questão está em nosso foco. Estamos sabotando nossa capacidade de memória porque não estamos nos concentrando no momento em que recebemos as informações. Se não as assimilarmos, não podemos lembrá-las mais tarde. Mas agora você pode consertar isso e melhorar seus relacionamentos pessoais.

A TÉCNICA: Métodos Próximo!, Hum... e Como

Há três métodos para ajudar sua mente a prestar atenção em alguém que está falando com você:

1 O Método Próximo! treina sua mente a ouvir melhor tentando adivinhar o que o orador vai dizer em seguida.

2 O Método Hum... faz um jogo de contagem das palavras de preenchimento que são usadas do tipo "hum", "ah", "bem" e "como".

3 O Método Como ajuda você a se concentrar, perguntando a si mesmo "Como lembrarei disso depois?".

COMO FAZER

Antes de usar um método para lembrar o que alguém está dizendo a você, siga estes três passos gerais.

1 Avalie se você tem muito tempo para ficar sozinho ou focar em si mesmo: seus passeios, caminhadas diárias, período para atividade física ou banho. Espaireça, deixe os pensamentos livres ou pondere suas próprias ideias nesse período. Procure não ter a cabeça cheia de preocupações ou distrações durante seu tempo com a família ou com os amigos.

2 Se você precisar, peça um minuto para concluir um pensamento ou registrar alguma coisa na memória. Em seguida, pare de se preocupar com o que quer que esteja na cabeça e concentrese no seu interlocutor.

3 Não se preocupe com o que vai dizer a seguir, a história que deseja contar, ou os conselhos que quer dar sobre o que está ouvindo. Apenas ouça o que a pessoa está dizendo.

MÉTODO PRÓXIMO!

1 Ao ouvir seu interlocutor, pergunte a si mesmo (não em voz alta) o que a pessoa pode dizer a seguir ou o que pode vir a acontecer na história que ele relata. Uma das formas é tentar adivinhar quais palavras ele usará em seguida ou o panorama geral de como a história vai terminar. Esse exercício aguça sua capacidade natural de ouvir, e torna-se um jogo cuja medida de sucesso depende do quanto você está prestando atenção.

2 Tenha cuidado para não se perder em sua própria versão da história. Deixe-se surpreender se não for como você esperava ou orgulhe-se de ter adivinhado corretamente o desfecho.

MÉTODO HUM

1. **Ouça atentamente as palavras de preenchimento que todos usamos: "hum", "ah", "bem" e "como".**
2. **Mantenha uma contagem aproximada de cada uso sem deixar que isso interfira na escuta da história ou que o distancie da discussão. (Não seja indelicado apontando a frequência com que seu interlocutor usa as palavras de preenchimento.)**

MÉTODO COMO

1. **Quando alguém está lhe dizendo alguma coisa importante (na opinião dele), pergunte-se: "Como vou me lembrar disso depois?".**
2. **Você também pode se perguntar como contaria a mesma história para outra pessoa. Isso o ajudará a prestar mais atenção.**

Como em qualquer atividade, quanto mais você praticar, melhor será o resultado. Esses métodos são um ótimo começo, mas você pode descobrir que, depois de um tempo, eles são dispensáveis. Você vai melhorar sua capacidade de ouvir e sua memória assumirá o controle, ficando mais apta para lembrar o que as pessoas dizem a você.

[20] Lembrar detalhes das pessoas

UMA VEZ, EU PERGUNTEI a uma amiga por que ela achava que seu restaurante fazia tanto sucesso. Ela observou que ouvia todos os clientes e tentava lembrar o que contavam a ela sobre a vida deles. Quando eles voltavam ao restaurante, ela conseguia se lembrar do que haviam mencionado e retomava o assunto perguntando para um como estava a mãe dele, para outro se havia encontrado o gatinho perdido, ou qualquer outro detalhe pessoal. Os clientes vinham ao restaurante porque sentiam que ela se importava com eles. Você pode mostrar às pessoas em sua vida o quanto se importa com elas ao se lembrar de mais detalhes sobre que estão fazendo.

A TÉCNICA: Método CARE

O Método CARE (se importar, em tradução livre) é uma maneira fácil e eficaz de lembrar detalhes que as pessoas mencionam sobre a vida delas. Este método demonstra como ser um ouvinte eficiente, de primeira linha, padrão-ouro de qualidade. Cada passo ajuda sua memória natural a se prender a coisas importantes que alguém está dizendo, o que facilita a lembrança delas mais tarde.

Esse processo começa com uma conversa, então você vai fazer uma pergunta sobre a pessoa, com base no que você sabe sobre ela. Aqui estão alguns exemplos:

- "Quais são as novidades?"
- "O que você tem feito para se divertir ultimamente?"
- "O que você tem feito?"
- "Como foi sua semana/fim de semana/dia/feriado?"
- "Quais bons livros/filmes/músicas/hotéis você recomendaria?"

Conforme ela responda, mostre que você se importa: 1) Comprometendo-se, 2) Prestando mais Atenção, 3) Repetindo, e 4) Enxergando.

COMO FAZER

1. **COMPROMETA-SE. Às vezes não dedicamos toda a nossa atenção para uma conversa porque estamos pensando no que vamos dizer a seguir ou estamos apenas distraídos. Podemos considerar que a pessoa não tem muita importância para nós. De agora em diante, no entanto, o primeiro passo em qualquer conversa é comprometer-se a ser o melhor ouvinte sempre. Dispute a medalha de ouro em escuta!**
2. **PRESTE ATENÇÃO. Ouça não apenas as palavras que seu interlocutor está dizendo, mas também as emoções ou os pensamentos por trás das palavras. Pergunte-se: "Como ele se sente sobre o que está dizendo?" ou "Há alguma coisa que ele está omitindo?" ou faça qualquer outro questionamento que o ajude a manter a atenção. Abra mão de qualquer desejo de compartilhar comentários ou a sua própria vivência. Concentre-se completamente no que o interlocutor está dizendo.**

3 REPITA. Lembra de quando você fazia anotações na escola, escolhendo poucas palavras ou frases importantes do que o professor dizia para que mais tarde você pudesse lembrar o resto das explicações dele? Aqui é similar.

Ouça o essencial da história e repita-o quando for apropriado, "...e então meu cachorro ficou doente e eu tive de levá-lo ao veterinário". Repita: "Ah, não, seu cachorro ficou doente?". A repetição diz à sua mente que as informações são importantes. Ela elevará automaticamente esse tópico a um nível de importância tal que aumente as chances de você se lembrar do acontecimento posteriormente.

4 ENXERGUE. Pegue as palavras ou frases de cima do parágrafo anterior e converta-as em imagens exageradas que serão vistas na sua mente. Pense no cachorro doente. Mesmo que você nunca o tenha visto, é possível imaginar um e ver a figura do dono o segurando com preocupação — adicione emoção à imagem mental também para ajudar na fixação da cena na sua memória.

"Bem, meu filho passou para faixa azul no caratê na semana passada." Repita e visualize: "Uau, faixa azul". Imagine uma faixa azul de caratê, mas lembre-se de exagerar: imagine todas as crianças da aula de caratê pulando corda usando uma enorme faixa azul novinha em folha.

Com apenas um pouco de prática, esse método se tornará quase automático. Seguindo os passos do CARE, você começará a lembrar mais o que as pessoas lhe dizem. Na próxima vez em que falar com elas, sua memória automaticamente recuperará as imagens mentais que você mesmo forneceu a elas, de modo que possa perguntar ao seu interlocutor: "Da última vez que falamos, você mencionou que seu cachorro estava doente. Como ele está?" ou "Ei, como vai o caratê de seu filho?". Ao lembrar de mais detalhes da vida das pessoas ao seu redor, você vai demostrar que se importa com elas.

[21] Lembrar os aniversários

VOCÊ PODE PENSAR que, graças às redes sociais, hoje em dia não é mais necessário preocupar-se em lembrar aniversários e outras datas especiais. Errado! Lembrar por si mesmo o aniversário das pessoas antes de ver a informação publicada on-line faz toda a diferença. E o que acontece quando não elas incluem o aniversário no perfil das redes? Mostre aos outros o quão importantes eles são para você ao lembrar dos marcos mais importantes da vida deles. Recordar "de cabeça" essas datas também vai fazer com que pareça um verdadeiro gênio!

A TÉCNICA: Combinar sistemas

Esta técnica usa uma combinação de métodos que você já aprendeu para visualizar as datas de nascimento, mas não entre em pânico — é mais fácil do que parece! Utilize o sistema de memorização do mês de datas importantes (ver página 44) e seu sistema numérico preferido — o Método DOPH (ver página 39), o Sistema Simples (ver página 33), o Sistema Principal (ver página 45) ou o Sistema da Rima (ver página 42) — para a data e depois combiná-los usando o Método História (ver página 38).

A beleza desta técnica é que você pode se familiarizar com ela. Escolha algumas pessoas para começar sem ficar sobrecarregado. Em seguida, concentre-se principalmente no mês. Você vai fazer as pessoas se sentirem queridas se simplesmente disser: "Ei, este não é o mês do seu aniversário?".

COMO FAZER

1. **Escolha três pessoas cujos aniversários você adoraria lembrar.**
2. **Pergunte-lhes a data dos respectivos aniversários, veja nas redes sociais ou em um calendário antigo.**
3. **Escolha alguém para começar e faça uma imagem mental dele ou dela. O que você vê? Que características físicas se sobressaem?**
4. **Pense no mês do aniversário da pessoa escolhida. Imagine o que ela lembra a você, usando sua própria experiência ou o Sistema de Memorização do Mês (ver página 44).**
5. **Conecte a imagem dessa pessoa à imagem do mês de aniversário dela de uma forma criativa e exagerada.**

6 Veja a data de aniversário dela. Usando o seu sistema numérico favorito, transforme essa data em uma imagem mental.

7 Acrescente essa imagem à história elaborada até agora.

8 Reveja toda a narrativa desde a primeira imagem (a pessoa escolhida) até a última (a data). Adicione detalhes exagerados para efeito mnemônico.

9 Faça o mesmo com os outros dois amigos escolhidos, elaborando cada história mental de modo que esta seja a mais boba e divertida possível. Veja um exemplo:

> *Abraham Lincoln: foco em uma imagem mental de como ele era. Seu aniversário é em 12 de fevereiro. Fevereiro sempre me faz lembrar o Carnaval. Imagine Abraham Lincoln com seu rosto longo, barba e chapéu alto vestido de mestre-sala de uma escola de samba. Isso não é estranho? Lincoln, na minha cabeça, é sempre uma figura muito séria! O número 12 poderia ser um taco de beisebol (1) e um patinho (2): Além de mestre-sala, Lincoln faz malabarismo com um taco de beisebol com um patinho em cima, sem deixar o bicho cair e com muito samba no pé. Ou do sistema Principal: 1 (t) + 2 (n) poderia ser tendão: ele sentiu uma dor no tendão e parou para tratar usando uma compressa gelada com 12 cubos de gelo e logo voltou ao samba.*

Use sua imaginação para criar uma história interessante sobre Lincoln e, depois, faça seus amigos se sentirem especiais lembrando o aniversário deles.

[22] Aprender palavras estranhas em jogos

MUITOS JOGOS PREMIAM quem consegue se lembrar de palavras estranhas, especialmente as palavras de duas e três letras ou que começam com "X". Mais uma vez, aqui está um truque de memória para socorrêlo! Se você é especialmente competitivo ou compete com quem é assim, este é o truque perfeito.

A TÉCNICA: Imagens e Histórias do Alfabeto

Esta técnica ajuda a lembrar palavras fora do comum para que você possa reconhecê-las entre as letras com as quais sua memória precisa lidar.

Isso, no entanto, não ajuda com as definições, então não tente usar esta técnica em um teste de vocabulário! Com uma lista de palavras difíceis de lembrar, é simplesmente uma questão de usar o Sistema de Imagens do Alfabeto (ver página 32) para transformar o difícil ato de lembrar na ação fácil de lembrar — e ajudá-lo a vencer! Veja alguns exemplos para o popular jogo de palavras cruzadas Scrabble:

Palavras (inglesas)	Imagens do Alfabeto/Histórias
Aa	Abelha pousada na amora
Ab	Abelha voando em volta da banana
Ae	Abelha perturbando um elefante
Ba	Banana afugentando uma abelha
Da	Diamante carregado por abelha
Ef	Elefante brincando com uma foca
Gi	Girafa entrando na igreja
Xeric	Xilofone tocado por um elefante e um rato dentro de uma igreja católica
Xerus	Xilofone tocado por um elefante e um rato na usina de sal
Xi	Xilofone tocado dentro da igreja
Xis	Xilofone tocado na igreja com sabão
Xu	Xilofone tocado pelo urubu
Xyst	Xilofone tocado pelo yakisoba com sabão e tabaco
Xysts	Plural de xyst: imagine duas imagens de xyst

COMO FAZER

1. **Escolha seu jogo de palavras favorito e forme uma lista de palavras agrupadas por letra ou número de letras on-line ou em um livro. Use isso como um recurso para criar a lista a ser memorizada.**
2. **Use a tabela preliminar como um guia, anote as palavras que você quer lembrar e use o Sistema de Imagens do Alfabeto para criar uma narrativa**

mnemônica para cada palavra. (Vincule cada história de forma criativa à mesa onde você joga, ao tabuleiro etc., como sua âncora). Associe cada imagem criada com o jogo, ou coloque todas elas na sala onde você joga, conectando-as com os móveis do espaço.

3 Reserve cerca de meia hora para memorizar o máximo de palavras possível para usar no seu jogo favorito. Então, da próxima vez que jogar, quando você encontrar um "X", por exemplo, você começará a pensar nas histórias engraçadas que criou anteriormente, checando duas vezes para ver quais outras cartas estão à sua disposição. Então, some esses pontos!

[23] Lembrar de relembrar

À MEDIDA QUE MELHORAR sua memória, haverá momentos em que você desejará lembrar algo, mas estará muito ocupado, sonolento, sem foco, ou doente para registrá-la na mente. Talvez esteja no meio de uma discussão, telefonema ou não tem um papel em mãos para anotar. Você precisa de um lembrete para retomar essa informação ou atividade mais tarde. Conhecer truques para momentos como esses alivia o estresse de se preocupar com o risco de esquecer alguma coisa. Aprenda este método simples para quando emergências surgirem.

A TÉCNICA: Método dos Obstáculos

No passado, as pessoas amarravam um cordão ou fio no dedo como um lembrete para retomar algo mais tarde. Isso caiu em desuso, mas podemos usar outros métodos para nos lembrarmos de que há algo que precisamos retomar. O Método dos Obstáculos é exatamente isso. É simplesmente uma questão de colocar um objeto (o obstáculo) em um lugar incomum onde você tem certeza de que o verá quando for necessário, como antes de sair para o trabalho. Também é possível mudar a posição de um objeto na casa para torná-lo perceptível. Ver esse objeto o impele a se lembrar de fazer alguma coisa importante.

O Método dos Obstáculos é uma forma simples e concreta de se lembrar das coisas. Funciona especialmente bem à noite, quando você está com sono e sabe que precisa se lembrar de algo pela manhã ou de fazer uma coisa antes de outra.

COMO FAZER

1. **Quando há algo importante que você precisa lembrar, como levar consigo o almoço antes de sair para o trabalho, coloque um objeto em um lugar onde você tem certeza de vê-lo na manhã seguinte (ou mudar a posição de um objeto).**
2. **Quando você avistar o objeto, faça a tarefa que precisa ser feita imediatamente. Nesse caso, pegue seu almoço na geladeira.**

Isso parece fácil, não? Mas veja a seguir algumas dicas importantes:

Não esconda o objeto em um lugar incomum! Deve estar visível e ser facilmente notado quando você acordar ou antes de sair. A palavra-chave aqui é localização. Por exemplo, não pense: "Preciso me lembrar de levar as chaves extras amanhã, então vou colocá-las no congelador. Tenho certeza de que vou me lembrar disso". Você vai acabar lembrando que tem de pegar as chaves extras, mas não conseguirá encontrá-las porque não há nada associando as chaves ao congelador. (Sim, isso realmente aconteceu, mas não comigo!)

Se você mudar a orientação de um objeto, isso deve ser óbvio. Não presuma que você vai notar o ímã de cabeça para baixo na porta da geladeira para se lembrar de pegar o seu almoço. É melhor virar a cadeira da cozinha de cabeça para baixo ou colocá-la em cima da mesa (ou ambos).

Não coloque um sapato, livro ou copo d'água em algum lugar onde você possa tropeçar no meio da noite ou quando acordar. Não lhe servirá de nada lembrar-se de alguma coisa na ambulância a caminho do pronto-socorro.

Veja alguns exemplos:

EXEMPLO 1

Você está de saída para um passeio e quer se lembrar de transferir as roupas da lavadora para a secadora quando voltar. Coloque o capacho da entrada apoiado na porta antes de sair. Quando voltar, enquanto tenta entrar em casa, você vai notar o capacho, que funcionará como um sinal de que precisa se lembrar de algo. Sua memória natural vai descobrir o resto.

EXEMPLO 2

Você está prestes a deitar-se na cama e acaba lembrando de que precisa levar um prato de doce ou salgado para a confraternização do trabalho pela manhã. Porém, não quer buscar uma caneta para escrever uma nota ou usar alguma técnica de memória. Ao invés disso, pegue uma meia e a coloque no meio do chão do banheiro, na pia ou no box. Pela manhã, você a verá no lugar incomum e saberá que há algo que precisa ser lembrado. É claro que outros objetos podem ser usados se uma meia não estiver à mão ou se você normalmente mantiver meias em lugares incomuns!

Esse truque é outro exemplo de como ajudar sua mente ao oferecer algo incomum para ela se apegar.

[24] Facilitar a melhora diária da memória

AQUI HÁ MUITAS maneiras fáceis de melhorar a memória diariamente. O melhor de tudo — elas são divertidas! Recomendo praticá-las nos seus deslocamentos diários, em caminhadas ou sempre que sair de casa. Elas também são maravilhosas se você tiver filhos ou para membros da família cuja memória você gostaria de ajudar a aprimorar.

A TÉCNICA: Brincar com jogos

Uma ótima maneira de melhorar sua memória diariamente é praticar jogos de memória. Você pode fazer isso sozinho ou com sua família. Há três grandes opções, e todas lhe dão a oportunidade de usar as técnicas de memória que você está aprendendo ao longo deste livro.

COMO FAZER

OPÇÃO 1: Eu espio

Conhece o jogo I Spy ("Eu espio", em tradução livre), um jogo divertido para prática de vocabulário em inglês? A memória é útil em trajetos frequentes, como ir ou voltar da escola, ao shopping ou ao mercado. Pergunte-se: "Quais os principais restaurantes (ou lojas, letreiros, prédios ou quaisquer outros objetos marcantes que funcionem como pontos de referência) entre onde estamos e para onde vamos?".

Comece com o primeiro marco e visualize o caminho: "Brad's Diner é o primeiro restaurante; fica no lado direito da via. O que vem a seguir?". Pergunte a seu acompanhante (ou a você mesmo) sobre a cor do marco, a localização de diferentes pontos, o que está na vitrine da loja, ou qualquer coisa que venha à mente. Essa é uma ótima maneira de criar Palácios de Memória (ver página 86)! Qualquer trajeto pode se tornar um palácio a ser preenchido com informações.

OPÇÃO 2: FUGA DO AGENTE SECRETO

Este jogo é ótimo para jogar em trajeto de média duração ou um caminho feito frequentemente. Use o Sistema de Imagens do Alfabeto (ver página 32) para lembrar as placas dos veículos que passam por você. Uma adaptação: conecte a placa com a cor, a marca ou o modelo do carro para que possa escolher facilmente veículos específicos que estão próximos.

Finja ser um agente secreto que suspeita estar sendo seguido. Será que algum carro o está perseguindo? Os mesmos veículos (com as mesmas placas) pegam as mesmas estradas com você todos os dias? Será possível responder com certeza porque você já memorizou as placas.

OPÇÃO 3: MEMÓRIA

O último jogo é um antigo sucesso chamado "Memória", usado para melhorar tanto a concentração como a memória. Embaralhe as 52 cartas de um baralho e disponha-as em filas. Cada jogador, na sua vez, vira duas cartas para cima. Se elas corresponderem (dois reis, por exemplo) ambas as cartas são removidas. Vence quem terminar com o maior número de cartas.

Se você for competitivo, use um sistema para triunfar. Numere mentalmente cada fila e cada coluna. Como as cartas descombinadas ficam viradas, pense em três imagens — número de localização da linha e da coluna, e a imagem da carta (um rei pode ser uma imagem de rei, um oito é traduzido em um polvo se você usar o Sistema Simples para números ou uma "isca" no Sistema da Rima). Essa é uma maneira divertida de aperfeiçoar os princípios básicos de um sistema numérico. Haverá uma pequena curva de aprendizado, mas, uma vez que você possa imaginar rapidamente uma história para 3-5-rei (mar-lagoa-rei), vai parecer que você tem poderes especiais para lembrar exatamente onde está o par de cada carta.

DICA | REVISE O DIA

Repassar o seu dia ajuda a mente porque diz a ela qual informação é importante salvar. Foque no que você – e sua família – precisa lembrar reservando um tempo todos os dias para uma revisão. Pergunte a seus filhos o que aconteceu na aula em cuja matéria eles têm dificuldade. Não se contente com "Nada!" como resposta. Peça para ver o caderno ou as lições de casa, se necessário. Algumas perguntas fáceis farão uma grande diferença. Em vez de ignorar o assunto propositalmente, a memória deles registrará que o material é importante.

[25] Sucesso para a memória de curto prazo

O QUE ME FEZ BUSCAR o aperfeiçoamento da minha memória foi eu me flagrar em um cômodo de casa sem me lembrar do que tinha ido fazer lá. Por que não conseguia me lembrar de algo tão simples?

Sei que outras pessoas passam frequentemente pela mesma coisa, além de enfrentarem outros problemas que afetam a memória de curto prazo. Seu colega de trabalho lhe pede alguma coisa que você esquece completamente um minuto depois? Você vai para a cozinha buscar um copo d'água para seu cônjuge e volta para a sala de mãos abanando? Todas essas questões podem ser facilmente enfrentadas com o Método 1-2-3.

A TÉCNICA: Método 1-2-3

Você já brincou com seu cachorro em um parque e ele, de repente, se distraiu com uma borboleta? Você pode ver o cão pensando, "Uma borboleta!", e ele vai atrás dela. É assim que imagino nossa mente quando temos problemas de memória de curto prazo. Estamos fazendo nosso trabalho com prazer, mas facilmente nos distraímos com a próxima coisa, e depois mais outra, e mais outra. Se formos solicitados a fazer uma tarefa e nos distrairmos, a tarefa não é feita; essa é a nossa mente de cachorro distraído no trabalho. Para corrigir isso, você ensinará sua mente a prestar atenção ao que você quer com um simples exercício de respiração chamado Método 1-2-3.

Ele mostrará inicialmente o quão bem ou quão mal está o seu foco. Conforme continuar praticando, vai melhorar sua capacidade de se concentrar no que está fazendo. Isso eliminará facilmente a possibilidade de distração. Sua memória natural terá finalmente o auxílio de que precisa para se concentrar e conseguir funcionar da maneira como deve ser.

COMO FAZER

Você precisará de um dispositivo com um temporizador de contagem regressiva para este método.

1. Sente-se com a postura alinhada mantendo os pés no chão. Evite o conforto do sofá ou da poltrona reclinável. Um banquinho da cozinha ou a cadeira do escritório são ótimos.
2. Defina o temporizador para um minuto.
3. Escolha um barulho no ambiente como o de um ventilador, do ar-condicionado, da geladeira ou do trânsito lá fora, dos pássaros etc. Também vale ouvir uma música instrumental tranquila que não o distraia.
4. Com os olhos fechados, concentre-se nesse som durante três respirações inspirando e expirando pelo seu nariz, contando para si mesmo no final de cada exalação (um, dois, três).
5. Após três respirações ouvindo o som, transfira sua atenção para a consciência sobre o ato de inspirar e expirar pelo nariz. Conte no final de cada exalação (um, dois, três).

6 **Mude seu foco de volta para o som para outras três respirações.**

7 **Continue mudando seu foco após cada três respirações até o alarme tocar.**

Como foi? Seu pensamento vagou? Você se desviou do que deveria estar concentrado ou se esqueceu do número de respirações em que estava? Ficou com sono? Estressado? Todos esses são problemas comuns e o motivo exato de estar fazendo o exercício! Se não foi muito difícil, tente por dois, cinco ou dez minutos. Faça esse exercício pelo menos uma vez por dia e tente chegar a pelo menos cinco minutos de prática. Você está treinando sua mente para se concentrar e vai notar uma melhora em apenas alguns dias.

PARTE 2

Escola e crescimento pessoal

Seja na escola, seja fora dela, o aprendizado é uma parte importante da vida. Uma das melhores maneiras de preservar a boa forma da nossa mente é continuar estudando e aprendendo à medida que envelhecemos. Esta parte do livro contém mais ferramentas e técnicas essenciais para a aprendizagem. Mesmo que você não tenha interesse em aprender determinado assunto, como a mitose celular ou os primeiros trinta dígitos do número Pi, ao menos, por favor, passe os olhos na explicação do truque de memória. Isso ajudará sua memória a praticar as técnicas. Você pode se surpreender com o quão agradável é e o quanto você aprenderá.

[26] Lembrar ao desvendar a sua motivação

ÀS VEZES, NA VIDA, temos de estudar coisas pelas quais não estamos muito entusiasmados. O aprendizado é melhor quando estão presentes a necessidade e o interesse, e tendemos a resistir à aprendizagem quando precisamos estudar e lembrar informações que não nos interessam de verdade. Se quisermos aprender algo, mas isso não é imediatamente necessário para nós — pensamos que aprender francês seria divertido, mas não estamos planejando viajar para a França —, não vamos lembrar o que aprendemos tão bem quanto se a viagem a Paris fosse em um mês. Mas podemos impulsionar nossa motivação para concentrar nossa mente e naturalmente lembrarmos tudo.

A TÉCNICA: Técnica ACVVR

Para ajudar sua mente a se lembrar, você impulsionará sua motivação natural para aprender usando um dos itens da sigla ACVVR:

1. **Apoio**
2. **Castigo**
3. **Visualização**
4. **Vantagens**
5. **Recompensas**

Na maioria dos casos, uma ou duas das estratégias dessa técnica servirão a seu propósito. É seu trabalho descobrir quais funcionam melhor para você experimentando-as como seu próximo esforço de aprendizagem.

COMO FAZER

APOIO

Trabalhe com outra pessoa para um apoiar o outro quando faltar motivação.

1 **Delimite as sessões de estudo com um telefonema ou uma mensagem de**

texto, antes de começar e depois de terminar. "Vou estudar por uma hora e me concentrar de verdade. Eu lhe enviarei uma mensagem de texto quando terminar para confirmar que trabalhei muito."

2 Ajudar um ao outro nas suas respectivas responsabilidades e apoiar um ao outro quando necessário.

CASTIGOS

Sugiro esta estratégia apenas em situações extremas.

1 Decida se você precisa de motivação para uma série de pequenas tarefas (lição de casa ou questionários) ou uma grande (uma prova ou um trabalho para nota final).

2 Escolha uma quantia em dinheiro dolorosa de se perder. Para uma série, cada quantidade deve ser relevante e o total geral deve realmente machucar se você tivesse que abrir mão do valor.

3 Escolha com cuidado um amigo incondicionalmente solidário.

4 Coloque o dinheiro em um envelope endereçado a uma organização que você acha horrível. Deve ser a de uma causa que você repudia.

5 Entregue o envelope a seu amigo com instruções de, se você não fizer o que prometera (estudar por determinado tempo, obter certa nota na prova), ele enviará o envelope ao destinatário, não importa a desculpa que você der ou quanto isso o aborreça (e a ele).

6 Toda vez que estiver relutante em estudar ou fazer o trabalho, pense no seu dinheiro apoiando a causa que você detesta. Você vai ficar pasmo com o quanto isso lhe trará de motivação.

7 Vá até o fim, não importa o que aconteça: você pode ou fazer a tarefa que precisa ser feita, ou lidar com a certeza de que o dinheiro será enviado para a causa detestável.

VISUALIZAÇÃO

Esta estratégia é uma abordagem suave e não funciona muito bem para casos difíceis.

1 Programe um alarme para cinco minutos. Use sua imaginação e sinta como seria bom você passar no teste, conseguir a nota que você quer etc.

Imagine-se comemorando com os amigos, dançando de felicidade ou deixando sua família orgulhosa. Sinta o alívio e o orgulho de tudo ter corrido bem. Acrescente o máximo de detalhes e emoções positivas, mesmo que não se importe tanto assim com o resultado.

2 Recrie essa cena mental quando estiver procrastinando ou evitando cumprir suas tarefas. Isso o motivará a começar.

VANTAGENS

Esta estratégia funciona melhor do que a Visualização se você for mais lógico do que emocional.

1 Liste as vantagens de estudar o tema. Escreva tudo o que lhe vier à cabeça, não importa quão irrelevante seja.

2 Liste as desvantagens de não estudar o tema. De que modo não estudar seria prejudicial, inconveniente ou problemático?

3 Reveja as listas sempre que precisar de motivação — admita que faz sentido simplesmente realizar a tarefa mesmo que não esteja convencido disso.

RECOMPENSAS

A recompensa deve ser oferecida o mais próximo possível da ação de aprendizagem. Não escolha uma recompensa que só possa se efetivar em dias, semanas ou meses.

1 Escolha um pequeno doce ou outra guloseima de que você goste, como bombons pequenos, amêndoas ou batatas fritas. (Um pote cheio de moedas de 25 centavos ou um sino também pode ser eficaz.) Deixe-os fora de alcance.

2 Escolha uma pequena parte da tarefa para completar, como fazer uma leitura ou responder a uma pergunta de lição de casa. Receba uma recompensa para cada pequeno passo dado. Deixe o livro que você tem de ler e coma um bombom. Leia algumas páginas, coma outro. Leia mais algumas e ganhe mais um doce. (Ou passe o conteúdo do pote cheio de moedas para um pote vazio ou toque o sino como recompensa.)

3 Você rapidamente associará uma tarefa de aprendizagem com uma recompensa instantânea e começará a desejar a ação para que possa merecer o seu prêmio. Não se recompense se não cumprir a tarefa.

Acredite ou não, você tem uma memória incrível. Pense em todos as coisas de que você se lembra diariamente. Ao usar uma ou mais das estratégias da técnica **ACVVR**, você se inspirará a realizar qualquer coisa. Sua memória natural funcionará muito melhor quando estiver motivado para aprender.

[27] Maximizar sua memória com ótimas estratégias de estudo

BONS HÁBITOS DE ESTUDO ajudam a habilidade da memória natural. Você estuda de maneira consistente em vez de tentar enfiar todo conteúdo em sua cabeça no último minuto? Conhece seus objetivos para cada tema ou exame? Está mantendo a mente e o corpo na melhor forma possível para o aprendizado?

Neste truque de memória, você aprenderá alguns hábitos de estudo para garantir que esteja motivado, concentrado e trabalhando de forma mais inteligente para permitir que sua memória opere no potencial máximo.

A TÉCNICA: Sintonia fina dos hábitos de aprendizagem

As estratégias de estudo para maximizar sua memória são: 1) Motivação, 2) Foco, 3) Combustível, 4) Diminuição de estresse, e 5) Dormir. Pergunte a si mesmo.

1. **Qual é a minha motivação para aprender isso?**
2. **Quanto tempo da minha atenção este assunto ou sessão de estudo requer? Saber quanto tempo você pode se concentrar — o que varia de acordo com o tópico — é importante para o sucesso dos estudos.**
3. **Cuidei da minha alimentação consumindo alimentos saudáveis benéficos para meu cérebro? Comer uma refeição pesada antes de estudar, não comer ou consumir alimentos pouco saudáveis pode prejudicar o rendimento da sessão de estudo.**
4. **Quão estressado estou neste momento? O que posso fazer rapidamente para baixar meu nível de estresse?**

5 Qual é o meu plano de sono? A mente precisa dormir para consolidar a memória.

COMO FAZER

1 Encontre sua motivação. Pode variar de acordo com o assunto e seu nível de interesse. Use a técnica ACVVR (veja página 66) para inspirar a si mesmo a aprender.

2 Trabalhe de acordo com sua capacidade de atenção. Recomendo sessões de vinte minutos seguidos de pausas de cinco minutos. Eu gosto da máxima "O trabalho se expande para preencher o tempo reservado a ele". Quando estudamos por muito tempo, muitas vezes diminuímos nosso ritmo para preencher o tempo e trabalhamos mais devagar do que se tivéssemos menos tempo. Quanto você pode aprender em vinte minutos? Concentre-se muito sabendo que você pode relaxar por cinco minutos ao final de cada sessão de vinte minutos. Evite multitarefas. Nada de TV, rádio, música, textos, ou outras distrações durante as sessões. É menos divertido, sim, mas faz a memória trabalhar melhor!

3 Planeje suas refeições para ter certeza de estar abastecendo o organismo com alimentos nutritivos de baixo teor de carboidratos e aguarde o tempo adequado para a digestão antes de estudar.

4 O estresse é um grande obstáculo para o aprendizado. Pratique exercícios físicos (de forma apropriada para seu corpo e saúde), faça yoga, medite ou escolha outras maneiras saudáveis de evitar o estresse.

5 O sono atua como a cola que fixa a informação na mente. Um breve cochilo após o aprendizado ajuda na lembrança posterior. Dormir o suficiente durante a noite é essencial para consolidar a memória. Se você não está dormindo de sete a nove horas de um sono reparador a cada noite (dependendo de suas necessidades individuais), experimente ir para a cama trinta minutos mais cedo do que o costume. Faça isso durante uma semana e veja se há uma melhora em sua capacidade natural de lembrar informações.

Comprometa-se a estudar com empenho. Use essas etapas para ajudar sua mente a apreender as informações com sucesso, para que você possa recordá-las facilmente quando for importante.

[28] Reter mais do que foi lido

LER E NÃO conseguir lembrar o material mais tarde é muito frustrante. Por que é tão difícil recordar o que lemos? Parte do problema é o foco. Quantas vezes nos sentamos em um lugar calmo, com muito tempo e nada mais na nossa agenda do que ler o livro nas nossas mãos? Com este truque, você vai se lembrar de mais do que foi lido, seja um romance excitante, seja um livro didático chato.

A TÉCNICA: Método FIA

Há três partes do Método FIA

1 Foco.
2 Instrução.
3 Administração do tempo.

Primeiro, você vai tomar medidas para concentrar a atenção. Sua memória natural está pronta para lembrar o que foi lido, mas será preciso ajudá-la eliminando distrações. Em seguida, pratique ensinando a alguém sobre o que você já leu. Isso ajuda sua mente a refazer o caminho do que acabou de aprender, tornando a informação "mais aderente". Finalmente, administre seu tempo sabiamente para que possa fazer uma revisão, transmitindo à sua mente que a informação aprendida é importante.

COMO FAZER

1 **FOCO. Desligue todos os meios de comunicação — a menos que sejam músicas instrumentais, muito úteis para bloquear os sons ao redor que podem distrair você. Não faça mais de uma tarefa ao mesmo tempo. Programe um alarme para que possa se comprometer com a leitura sem se preocupar com o tempo. Pense em pelo menos duas razões pelas quais a leitura é o mais importante naquele momento.**

2 **INSTRUÇÃO. Leia com a intenção de instruir outra pessoa a respeito do que já leu. Destaque passagens importantes ou faça anotações (escritas**

ou mentais) para usar durante a instrução. Pare no final de cada página ou capítulo (dependendo da quantidade de detalhes). Escolha um amigo para passar esse conhecimento ou imagine que vai falar para uma cadeira ou qualquer outro móvel no ambiente, ou até um animal de estimação. Dê uma aula apresentando o material. Sim, em voz alta — isso ajudará sua memória. Consulte suas notas o mínimo possível. Se você tiver mesmo de olhar, leia-as para si mesmo, faça uma pausa, depois olhe para o "aluno" e continue "a aula" fiando-se na memória, sem ler as notas. Você está fazendo sua mente trabalhar para lembrar, que é a parte mais importante. Simplesmente ler suas notas ou as seções destacadas do livro não é tão eficaz.

3 ADMINISTRAÇÃO DOTEMPO. Não passe a sessão de estudos inteira lendo — ou mesmo lendo e ensinando. Reserve um tempo para revisar mentalmente os pontos importantes de cada página ou capítulo. Olhe suas notas ou as páginas brevemente, então feche seus olhos e pense em cada detalhe. Essa revisão mental deve ser a terceira vez pelo menos que sua mente se concentra nas palavras e nos conceitos. Isso dará prioridade à retenção de informações importantes, e a forma como comunicamos à memória natural a relevância de uma informação é por meio da revisão.

[29] Lembrar de livros inteiros

IMAGINE conseguir recordar um livro didático inteiro ou qualquer outra obra literária. Impossível? De forma alguma. Você consegue lembrar de filmes inteiros — por que não de livros? O que há de diferente entre os dois? Os filmes são interessantes e visuais, mas a maioria dos livros didáticos não é. Vamos mudar isso fazendo-os tão fascinantes e fáceis de imaginar que você poderá fechar seus olhos e ver qualquer ponto maior ou menor que quiser. Será que isso exige tempo e esforço? Definitivamente. Mas a abordagem é muito diferente de estudo — é criativa e divertida. E, em minha experiência, leva menos tempo do que a tradicional tomada de notas. Além disso, ela rende melhores resultados para a memória de curto e longo prazo.

A TÉCNICA: Mapeamento da Mente

O Mapeamento da Mente é uma técnica de que muitos já ouviram falar, mas poucos experimentaram. Ele transforma palavras, conceitos e fatos em imagens. A mente adora figuras e as acha incrivelmente fáceis de lembrar. Ao converter as partes importantes de cada capítulo de um livro em um grande desenho, a mente pode visualizar o layout das informações; e, de acordo com um estudo realizado por pesquisadores da Universidade de Waterloo, o ato de desenhar ajuda mais a memória do que escrever informações.

Você não é um bom desenhista? Não se preocupe. O Mapeamento da Mente depende menos de habilidade artística e mais do uso de cores, formas e linhas de conexão para tornar as informações mnemônicas.

COMO FAZER

1 **Comece com o livro que queira lembrar (ou apenas com um capítulo de uma obra qualquer para praticar). Escreva o título no centro de um grande pedaço de papel, no sentido horizontal. Não use um aplicativo ou programa de mapeamento mental digital. Esta técnica funciona melhor colocando a caneta no papel. O ato de desenhar formas e adicionar linhas e figuras geométricas é importante para você lembrar depois.**

2 **As ideias principais (muitas vezes capítulos) serão ligadas ao título pelas diferentes cores, espessuras de linhas e por uma variedade de formas. Converta qualquer ideia que puder em esboços, mesmo que sejam rudimentares. Continue o desenho com cada ponto importante que queira lembrar mais tarde. Se o livro estiver cheio de detalhes para recordar, considere a criação de um mapa mental para cada capítulo.**

3 **Quando terminar, revise seu(s) mapa(s) mental(ais). Estude as conexões, as formas e as linhas enquanto faz uma revisão das informações. Teste você mesmo. Feche seus olhos e veja onde os dados estão na página, qual a cor, qual a forma ao redor ou como estão ligados ao resto das informações.**

[30] Preparar a mente para os testes

TALVEZ VOCÊ LEMBRE das três etapas essenciais da memória (FOR) vistas no começo deste livro: 1) Focar nas informações, 2) Organizar o material na sua mente, e 3) Recuperá-lo quando precisar dele. Se não se recorda, volte à página 12.

Muitas pessoas têm mais dificuldade com o terceiro passo (Recuperar a Informação) quando fazem testes porque ficam tensas. Elas não esqueceram o material; após o exame, as lembranças muitas vezes inundam a memória. Lembrar tarde demais, no entanto, não os ajudam a passar na prova!

Usando as técnicas deste livro para focar as informações e organizá-las contribuirá muito para a solução do problema. Mas existem outras técnicas para manter a calma e relembrar do que já foi aprendido. O objetivo é poder acessar as informações quando precisar delas, não depois.

A TÉCNICA: Quatro passos RVRD

A tensão pode ser natural quando fazemos um teste importante. Afinal, estamos sendo testados e queremos nos sair bem! Precisamos nos acalmar para que nossa mente possa se lembrar do que trabalhamos arduamente para apreender. Assim como na Técnica ACVVR (ver página 66), os truques contra o estresse a seguir vão preparar a sua mente para testes na escola, no trabalho ou na vida. Para aliviar a tensão, basta cumprir os quatro passos que compõem a sigla RVRD:

1. Respirar
2. Visualizar
3. Rir
4. Focar no Depois

COMO FAZER

Cumpra algumas ou todas as etapas RVRD, conforme a sua necessidade, logo no início do dia, e depois as faça novamente pouco antes da hora do teste. Seu nível de tensão diminuirá e sua mente ficará mais afiada, permitindo que se lembre melhor de tudo o que apreendeu.

RESPIRAR

Pratique de um a cinco minutos de respiração do diafragma.

1 Feche os olhos e sente-se com a postura correta.

2 Expire completamente pelo nariz, concentrando-se em tirar todo o ar dos pulmões e da região do diafragma (barriga).

3 Inspire pelo nariz, enchendo primeiro o diafragma, depois a região pulmonar inferior e finalmente a área pulmonar superior. O ideal é fazer isso contando lentamente até quatro.

4 Expire completamente da parte superior dos pulmões para a parte inferior deles, depois, do diafragma, com uma contagem de oito (ou o dobro do que contou na inspiração).

5 Relaxe seus ombros e o resto de seu corpo conforme respirar. Libere qualquer tensão do corpo e da mente ao longo da respiração.

VISUALIZAR

Fique um minuto mentalizando o seu sucesso no teste.

1 Imagine a sala ou o local onde fará a prova.

2 Na visualização mental, coloque-se na sala.

3 Veja-se relaxado e feliz, mesmo que pareça impossível no início. Use sua criatividade para imaginar isso.

4 Visualize-se entregando o teste com confiança e satisfeito com os resultados.

RIR

Pense em uma coisa engraçada que aconteceu recentemente ou que você viu na TV que o fez rir. Esforce-se para pelo menos sorrir — ou mesmo rir em voz alta.

FOCO NO DEPOIS

Pense em todos os outros testes que já fez. Se você se saiu bem ou não, sempre houve um "depois". Pense no que fará após esse próximo desafio. A vida seguirá. Você irá para a próxima aula, para o trabalho, continuará vivendo sua vida.

Focar no "depois" retira muito da tensão e do medo. Com frequência, nossa mente faz do teste a coisa mais importante da nossa vida, então pensar no "depois" coloca a situação em perspectiva.

[31] Lembrar como escrever corretamente qualquer palavra

ATUALMENTE, pode parecer que a ortografia não é importante, uma vez que a maioria das pessoas escreve em dispositivos eletrônicos. Autocorreção e verificação ortográfica colocam linhas vermelhas sob palavras com erros, portanto a ortografia correta está ao alcance de um clique. Mas escrever corretamente não é difícil. Geralmente sabemos como escrever a maior parte da palavra, mas temos dificuldade com uma ou duas letras. Há dois "s" ou apenas um? Com "ç" ou "s"? Com "x" ou "z"?

Tudo o que precisamos fazer é lembrar dessas áreas problemáticas, o que é muito fácil com o Método Ligar.

A TÉCNICA: Método Ligar

O Método Ligar usa a sua imaginação para retratar duas imagens, uma para a palavra e outra para a parte comumente problemática. Ao ligar as duas imagens em uma história mnemônica, tola e acrescentando detalhes, você nunca mais esquecerá como escrever palavras difíceis.

COMO FAZER

1 Identifique a ortografia correta de uma palavra.

2 **Traduza a palavra em uma imagem. Não imagine como as letras se parecem,**

mais sim o seu significado.

3 **Note qual parte dela você escreve errado. Converta essa parte em uma imagem.**

4 Ligue as duas figuras para formar uma história divertida cheia de detalhes.

Veja três exemplos:

> ***Brócolis***
>
> ***Imagine os brócolis, todos verdes e deliciosos (certo?). Pense neles com um tamanho absurdamente enorme, com 1,80 m de altura. A maioria das pessoas se pergunta se essa palavra é com "e" ou "i" no final. Transforme o "i" em uma imagem: pode ser uma igreja, um ioiô, um iate ou um igarapé. Escolha duas delas e ligue-as aos brócolis em uma história bizarra: os brócolis gigantes passeiam de iate, ancoram em uma vila de pescadores e visitam uma igreja.***
>
> ***Aparência***
>
> ***Muitas pessoas ficam em dúvida se é com "c" ou com "s" e esquecem o acento. Pense em uma letra "c" enorme que decidiu comprar uma cartola...***
>
> ***Agenda***
>
> ***Imagine uma agenda com desenhos coloridos de... qualquer coisa que vier à sua cabeça... É "g", não "j". Imagine, por exemplo, gelatina de todos os sabores e cores. Ligue a gelatina à agenda.***

Permanecer cinco segundos usando esse método garante que você não esquecerá mais como escrever palavras que costumava errar. Sinta o orgulho de tornar-se alguém que não erra nunca!

DICA | SEU DETETIVE DE MEMÓRIA

Cada um de nós tem um "detetive da memória" trabalhando em nossas mentes que quer nos ajudar a "resolver o caso", como um detetive de cinema. O que esses especialistas em desvendar crimes têm que o caçador de pistas da sua memória precisa? Mais pistas! Fornecer ao seu detetive da memória os indícios de que precisa fará com que você se lembre de tudo mais facilmente. As pistas são imagens mentais bobas criadas quando traduzimos informações enfadonhas (e esquecíveis) em imagens interessantes (e memoráveis).

[32] Evitar confusão com palavras parecidas

A VERIFICAÇÃO ORTOGRÁFICA pode não apontar diferença entre algumas palavras, como "conserto" e "concerto", porque ambas estão corretas e cada uma serve a um contexto, já que têm significados diferentes. Assim, confundir palavras desse tipo pode nos fazer parecer estúpidos. É fácil cometer esse erro, especialmente quando estamos ocupados ou com pressa, como quando estamos postando na Internet.

Com um pouco de foco e a técnica a seguir, porém, você será um mestre dos memes e das redes sociais.

A TÉCNICA: Traduzir palavras em imagens

Esta técnica é como o Método Ligar da página 76. A ideia é identificar diferenças entre as palavras e traduzir essas diferenças em imagens para, assim, lembrar o uso correto da palavra e sua ortografia. Na seção seguinte, farei a maior parte do trabalho pesado, fornecendo informações e mostrando como lembrá-las. Usando meus exemplos, você conseguirá fazê-lo por si mesmo, conforme a necessidade.

COMO FAZER

1 Esteja seguro de ter compreendido o uso correto ou as definições das palavras comumente confusas.

2 Pense na primeira palavra e imagine seu significado.

3 Note o que a torna diferente da sonoridade semelhante da outra palavra. Muitas vezes é a ortografia ou a pontuação.

4 Crie uma imagem ou história exagerada que combina, de maneira criativa, o significado e a diferença na ortografia usando o Sistema de Imagens do Alfabeto (ver página 32).

5 Repita os passos para o outro vocábulo.

6 Questione-se imediatamente e acrescente detalhes às imagens, se necessário, para fixar as informações na sua mente.

Veja alguns exemplos de palavras comumente confundidas:

EMINENTE/IMINENTE

1 Imagine o significado. O "eminente" se destaca pela superioridade, excelência. Pense em um mestre que você teve na faculdade ou no trabalho. Imagine que ele era o primeiro a chegar para a aula ou no escritório. Adicione detalhes exagerados para sua imagem mental.

2 O que difere eminente de iminente? A primeira letra. Então pense que seu mestre eminente estava sempre na iminência de ganhar algum prêmio ou promoção.

3 Imagine seu mestre eminente ganhando um prêmio extravagante.

4 Pense no seu mestre eminente na iminência de recusar o prêmio.

VIAGEM/VIAJEM

1 "Viagem" é o ato de partir para algum lugar. "Viajem" é o verbo "viajar" conjugado.

2 "Viagem" tem "g", e não "j".

3 Pense em uma enorme letra "g" fazendo uma viagem de carro passando por paisagens (com "g"!) malucas e imagens (com "g"!).

DESCENDENTE/ASCENDENTE

1 "Descendente" vem depois de mim, descende de mim. Meus descendentes são meus filhos, netos, sobrinhos. Meus ascendentes vieram antes, são meus pais, avós, ancestrais. Posso não ter ou não deixar descendentes, mas é impossível eu não ter tido ascendentes, ou eu não teria nem sequer nascido, já que ascendente é aquele do qual me originei.

2 Imagine seu filho ou sobrinho (se não os tiver, imagine que tenha) descendo do céu por uma escada para a família.

3 Imagine seu pai, mãe, tio, avós ou outro ancestral querido que já faleceu subindo pela mesma escada.

4 Lembre-se, essas imagens têm de ajudá-lo a se lembrar ou deixar uma pista para sua memória. São uma dica; seu detetive de memória preencherá os espaços em branco.

O GRAMA/A GRAMA

1 O grama é uma medida de peso. A grama é verde.

2 Imagine um gafanhoto transparente comendo a grama verde enquanto uma balança no estômago dele mostra quantos gramas ele está ingerindo.

RETIFICAR/RATIFICAR

1 Apesar de serem muito parecidas, as duas palavras têm significados diferentes. Retificar é corrigir ou alterar alguma coisa, enquanto ratificar é confirmar, aprovar ou validar algo.

2 Imagine que você acabou de trocar alianças e precisa ir a um cartório para ratificar o casamento e retificar o seu nome incluindo o sobrenome do cônjuge.

OUVE/HOUVE

1 Esse é um exemplo em que é necessário se concentrar apenas em uma

palavra para a memória. Você "ouve" quando percebe um som. Lembre-se que "ouve" com o ouvido.

Esses exemplos mostram como se tornar mais inteligente usando sua memória e criatividade. Aplique esse conceito às palavras com as quais você se confunde frequentemente. Reserve cinco segundos para se lembrar para sempre como escrever ~~correto correta~~ *corretamente* qualquer palavra.

[33] Aprender a falar línguas estrangeiras

APRENDER UMA LÍNGUA ESTRANGEIRA em qualquer idade é um verdadeiro teste para a mente porque o aprendizado é uma questão de memória. Felizmente, as técnicas de memória tornam esse aprendizado muito mais fácil do que apostar na chamada "decoreba". Pense nas técnicas de memória como uma ponte entre desconhecer totalmente uma palavra e familiarizar-se de tal forma que ela surgirá na sua cabeça sem esforço algum.

As técnicas de memória são um meio para atingir um fim, com o objetivo de pensar no idioma sem ter de procurar a palavra na memória. Usar o método aqui descrito facilita e acelera o aprendizado de um idioma estrangeiro, além de, possivelmente, ser ainda mais divertido.

A TÉCNICA: Método CAR

É possível apelar à decoreba para aprender um idioma, mas é como cruzar longas distâncias a pé: uma jornada muito mais lenta. Este método faz o mesmo, mas é como se você usasse um carro: muito mais rápido e fácil. Meu objetivo aqui não é ensinar nenhuma língua em particular, mas mostrar como usar o Método CAR como um auxílio na aprendizagem de mais palavras mais rapidamente. Você usará sua imaginação para:

1. **Converter cada palavra (em português e no idioma estrangeiro) em uma imagem.**
2. **Associar palavra e imagem de uma maneira divertida para ser lembrado mais facilmente.**
3. **Repetir o processo com mais detalhes para fortalecer a conexão.**

COMO FAZER

1. Comece com a palavra em português. Converta-a para uma imagem. Lembre-se de tornar a imagem interessante com o Método CATT (Cor, Ação, Tamanho e Textura).
2. Pronuncie corretamente a palavra estrangeira. Converta-a em uma imagem baseada no que a pronúncia dela sugere, não em sua grafia. Se necessário, quebre a palavra em sílabas e converta-as em imagens.
3. Associe as figuras de forma bizarra.
4. Repita a associação, acrescentando mais detalhes para deixar a imagem ou a história resultante mais interessante.

Veja três exemplos:

ESPANHOL: cachorro = perro

1. Converta "cachorro" em uma imagem interessante: uma nova raça com pelo verde.
2. Converta "perro" em uma imagem. Para mim soa um pouco como um gato ronronando — "prrrr".
3. Associe as duas imagens. Imagine o cachorro de pelo verde atendendo à voz do dono e ouvindo ao mesmo tempo um gato ronronar.
4. Repita e acrescente mais detalhes: imagine que o dono do cachorro também é verde e que o animal responde ao dono ronronando e não latindo!

JAPONÊS: gato = neko

1. Converta gato em uma imagem como no primeiro exemplo. Dessa vez um gato azul.
2. Converta "neko" em uma imagem. Imagine um caneco.
3. Associe as imagens: o gato azul pula, cai dentro do caneco e começa a miar de um jeito que ressoa como "neko".

4 Repita, acrescentando detalhes para tornar a história bem insólita.

FRANCÊS: semana = semaine

Variação: Comece com a palavra estrangeira.

1 Converta "sem-enn" em uma imagem. É uma versão de "semente" com sotaque francês e sem o "te" final. Imagine um calendário em que os dias da semana são marcados por sementes diversas.

2 Converta "semana" em uma imagem. Isso é um pouco difícil, não é? Não se preocupe. Se não conseguir imaginar uma palavra (em qualquer idioma), passe para o passo seguinte.

3 Associe e seja criativo: seu calendário cheio de sementes e a agenda para a semana. Ainda que você não consiga imaginar exatamente uma "semana" com a qual sua mente fará a conexão, seu detetive de memória é muito bom em resolver o caso com algumas pistas.

4 Repita com mais detalhes. Imagine-se removendo cada semente conforme os dias vão passando.

Não é preciso usar o Método CAR para cada palavra. Use-o apenas para as que você não consegue lembrar apenas lendo, fazendo lição de casa ou praticando em voz alta. Se ouvir as palavras pronunciadas lenta e corretamente, é possível convertê-las de forma criativa. Não se preocupe em ser exato ou literal. Use sua criatividade e o que cada palavra lhe faz lembrar para acelerar sua capacidade de aprender qualquer idioma.

[34] Acertar a ortografia de palavras estrangeiras

O MÉTODO CAR (ver página 81) lhe mostrou como lembrar de palavras estrangeiras. O Método Compromisso & Criatividade (C&C) ajudará você a também escrever essas palavras corretamente. A maioria das pessoas prioriza a pronúncia quando estuda uma língua estrangeira, mas saber a respectiva grafia correta também é útil. O problema é que lembrar a pronúncia é, muitas vezes, completamente diferente de recordar a grafia. Usar a criatividade vai facilitar a aprendizagem.

A TÉCNICA: Método C&C

Muitas palavras podem ser facilmente pronunciadas e grafadas. Estudar um idioma e fazer exercícios permitirá a memorização delas na sua cabeça. Mas para os termos mais complicados ou os que são mais difíceis de lembrar, comprometa-se a usar sua criatividade. Este é o Método Ligar (ver página 76) com algo a mais para fazê-lo lembrar a palavra em português e na língua estrangeira.

A ideia é olhar as palavras e pensar em maneiras criativas de converter cada letra, sílaba, sufixo ou parte difícil de lembrar em imagens. Depois, você vai conectar essas figuras à imagem da palavra como um todo. É tudo uma questão de criatividade, perguntando-se: "Como posso transformar essa palavra em uma imagem de forma criativa?".

COMO FAZER

1. **Veja a palavra que é difícil de escrever. Qual parte dela é difícil de guardar?**
2. Converta criativamente cada letra ou sílaba em uma figura.
3. Conecte essa figura à palavra estrangeira e acrescente a imagem do que isso significa.

Veja três exemplos:

EXEMPLO 1: Use sua criatividade para lembrar a palavra inteira.

Semaine ("semana" em francês)

A memorização da ortografia é mais fácil se você já tiver aprendido o significado da palavra. Se já tiver também elaborado uma história mental, é ainda mais fácil: "semente" sem a sílaba final na agenda da semana fica apenas com cinco letras e faltarão duas para completar ***os sete dias da semana, então você se lembrará de que são sete letras; para lembrar da última sílaba de "semaine", associe com alguma imagem que o auxilie, como "neve".***

EXEMPLO 2: Lembre-se de quais palavras têm qual sufixo.

É comum em muitas línguas estrangeiras, mas o francês tem muitas palavras que terminam em -en, -enne, e -aine. Use C&C associando uma imagem com cada sufixo e acrescentando essa imagem ao significado da palavra. Vejamos como funciona em algumas palavras do francês para o inglês.

-en: Associar um muffin inglês, um pinguim ou outra palavra de sua escolha que terminam em -en.

-enne: Conecte uma imagem de duas "nuns" (freiras) montando cada uma um elefante (em inglês, "an elephant", que soa como "enne") com qualquer palavra que termine em -enne.

-aine: Ligar o alface "romaine" ("romana") a "an egg" (um ovo) para palavras que terminam em -aine.

EXEMPLO 3: Use o C&C para criar seu próprio sistema para lembrar quando usar cada uma das ortografias alemãs para os artigos definidos (Der, die e das).

"Der" é igual à conjugação do verbo "dar" no futuro do subjuntivo na primeira pessoa do singular. Tente associar o ato de dar alguma coisa a alguém. Se o termo a ser memorizado for "der honig" (o mel, traduzido para o português), a frase poderia ser: "Quando eu der o mel para a minha avó, ela vai ficar feliz."

"Die" é uma sílaba da palavra "adie". Para guardar o "die ahnung" (a ideia), tente guardar a seguinte frase: Talvez eu adie aquela ideia genial para o próximo mês."

Como "Das" soa para você? Como poderia imaginá-lo e associá-lo com as palavras corretas?

[35] Lembrar do que ouviu ou pensou quando estava ocupado

UMA FRUSTRAÇÃO COMUM quanto à memória é não conseguirmos lembrar alguma coisa quando estamos ocupados com uma tarefa como dirigir, fazer exercícios ou cozinhar. Não seria bom ouvir o rádio no caminho para o trabalho e lembrar o nome do livro que foi recomendado ou a música que estava tocando? Ou recordar a tarefa que precisa completar depois que terminar de fazer o jantar?

Nessas situações, não temos de escrever lembretes ou usar nossos celulares com essa finalidade. Em vez disso, podemos fazer anotações mentais para relembrar mais tarde e armazená-las em nosso Palácio da Memória.

A TÉCNICA: Palácio da Memória

Um pouco de trabalho de preparação é necessário para esta técnica, mas cada segundo que você empregar nisso vai valer a pena. Lembrar qualquer coisa exige que organizemos novas informações em nossa mente de forma que possamos acessá-las facilmente mais tarde. Uma maneira de fazer isso é armazená-las em um Palácio da Memória.

Um Palácio da Memória é simplesmente um local conhecido que você pode facilmente visualizar em sua mente. A casa onde mora ou sua loja favorita podem ser Palácios da Memória, entre outros. No exemplo que veremos a seguir, usaremos um veículo como Palácio da Memória para guardar informações a serem lembradas quando necessário.

Há duas partes nessa técnica: a criação de um Palácio da Memória para ser usado posteriormente; e, depois, armazenar nele as informações que queira lembrar.

COMO FAZER

PARTE 1: ESTABELECER UM PALÁCIO DA MEMÓRIA

1 **Imagine seu veículo favorito. Use aquele do qual tenha lembranças, não**

importa se é o carro da família ou o metrô que utiliza para seus deslocamentos pela cidade — qualquer coisa de que você possa ter uma imagem mental mais facilmente.

2 Crie três áreas distintas no veículo. Se for imaginar um carro, sugiro o banco do carona, atrás do assento do motorista e atrás do assento do carona.

Então é isso! Parabéns, você acabou de criar seu primeiro Palácio da Memória! Ele será usado como um gabinete de arquivamento mental para armazenar informações a serem lembradas por alguns dias. Agora vamos ver a ferramenta em ação. Você ouve no rádio o título de um livro que quer lembrar de comprar: *Não Esqueça!* escrito por de Brad Zupp.

PARTE 2: COLOQUE O LEMBRETE EM SEU PALÁCIO DA MEMÓRIA

1 Converta o título ou o nome do autor em uma imagem. Neste exemplo, para imaginar Brad você poderia pensar nos atores Brad Pitt ou Bradley Cooper. De qualquer forma, visualize rapidamente as informações com o máximo de detalhes que puder. Imagine Brad Pitt na primeira localização de seu Palácio da Memória: o do carona. Para acrescentar meu sobrenome, imagine uma zebra uivando para pessoas e, é claro, depois imagine a zebra sentada no banco da frente no colo do Brad Pitt ou do Bradley Cooper.

2 Quando tiver um segundo item a ser lembrado, repita esse processo: traduza-o em uma imagem e visualize-o interagindo com a localização seguinte no seu Palácio da Memória. Quer convidar um amigo para almoçar? Imagine-o comendo no banco de trás do motorista. Adicione detalhes como o tamanho da bagunça que ele está fazendo.

3 Quando ouvir uma terceira coisa que queira guardar, repita o processo mais uma vez. Se precisar de mais espaço para armazenar memórias, acrescente locais em seu Palácio da Memória como o capô, o porta-luvas e o porta-malas do carro.

4 Verifique mentalmente seu Palácio da Memória todas as manhãs e noites. Aja quando necessário de acordo com o que encontrar nele: comprar o livro que queria, encontrar a canção que ouviu e quer relembrar ou entrar em contato com a pessoa em que você pensou naquele momento. As memórias colocadas ali desaparecem rapidamente se não forem revisadas, portanto elas devem ser "liberadas" para a utilização a cada novo dia.

DICA | SOCORRO! NÃO SOU CRIATIVO

As crianças são ótimas em inventar coisas. Adultos? Nem tanto! Se você tem dificuldade em acessar a criatividade necessária para colocar em prática os métodos do livro, pense como uma criança. O que uma criança imaginaria? Seja meio boboca. Fica muito mais fácil quanto mais é praticado, portanto comece logo!

[36] Lembrar de um conjunto de itens como a Constituição

NORMALMENTE, PRECISAMOS lembrar itens em série, como as etapas adequadas para seguir um processo, uma sequência de itens, uma lista de verificação de segurança, uma fórmula para solucionar um problema matemático, ou até mesmo os artigos da Constituição. Seja o que for, a memorização das etapas de uma série frequentemente é difícil. Com o Método em Cadeia, lembrar de qualquer processo vai ser "molezinha".

A TÉCNICA: Método em Cadeia

Sem nem perceber, você já usou o Método em Cadeia quando memorizou os números de seu passaporte e do cartão de crédito e as suas senhas de acesso. Você traduziu as etapas do processo em imagens. Elas estão conectadas como elos em uma cadeia, um levando ao outro. Dessa forma, é possível conectar um número ilimitado de ideias ou passos. A chave é criar imagens vívidas para cada elo e para cada conexão. Nessa versão, vamos praticar com palavras e conceitos em vez de números. Também introduzo uma pequena variação que muitas pessoas acham mais fácil do que o Método em Cadeia original utilizado para os números.

COMO FAZER

1. **Traduza o título do processo ou da série em uma imagem. Esta será a âncora à qual a corrente está conectada.**
2. **Traduza o primeiro passo em uma imagem. Faça a imagem exagerada e marcante. Se possível, escolha uma pessoa ou um personagem que possa estrelar a história ou o filme. A cada cena, acrescente um personagem novo para facilitar a visualização mental da narrativa.**
3. **Traduza o próximo passo em uma imagem e conecte o primeiro e segundo passos de forma criativa.**
4. **Cumpra o terceiro passo, imagine-o, depois conecte-o ao segundo.**
5. **Continue visualizando e conectando cada passo no processo.**

Veja um exemplo: A Constituição dos Estados Unidos e suas emendas. Simplifiquei o documento histórico para esse exemplo; é útil selecionar os pontos-chave antes de visualizar sua cadeia.

> ***Criar uma imagem de âncora para a Constituição: O livro que constitui todos os direitos e deveres.***

1. **LIBERDADE DE RELIGIÃO, DE EXPRESSÃO, DE IMPRENSA, DE REUNIÃO, DE DIREITO DE PETIÇÃO. Crie uma imagem envolvendo religião (cruz, Estrela de David etc.) com discurso, imprensa, assembleia e petição. Eu imagino uma cruz atrás de um homem fazendo um discurso para repórteres que se reuniram e trouxeram seus pets (para mim é mais fácil visualizar "animais de estimação" do que alguma imagem relacionada à "petição" propriamente dita). Para conectar essa história à âncora (livro), visualizo uma biblioteca colorida e cheia de opções como cenário da ação.**
2. **O DIREITO DE PORTAR ARMAS. Imagine um gigante carregando uma arma na mão direita. Conecte a imagem ao elo anterior, vendo o gigante entrando na biblioteca.**
3. **ALOJAMENTO DE SOLDADOS. Imagine um grupo de soldados indo atrás do gigante que está armado.**
4. **BUSCAS E APREENSÕES. Os soldados revistam a casa do gigante e apreendem o resto do armamento.**

5 **DIREITOS DO ACUSADO.** O gigante alega nunca ter visto as armas antes; ele é inocente até que se prove o contrário.

6 **JULGAMENTOS JUSTOS E RÁPIDOS.** O gigante vai direto para a frente do juiz, onde será julgado em seguida.

7 **TRIBUNAL DO JÚRI.** Vários animais de zoológico falantes e bem vestidos formam o júri.

8 **FIANÇA, PUNIÇÃO, MULTAS.** O júri permite que o gigante fique livre sob fiança.

9 **OUTROS DIREITOS ("NEGAR OU DESRESPEITAR").** Livre, o gigante dá um jeito de se desfazer das armas.

10 **PODERES NÃO DELEGADOS.** O gigante delega suas armas aos animais falantes do zoológico.

Para lembrar qual direito está associado a qual número na Constituição, basta imaginar a história, contando os elos até chegar ao número que precisa saber.

Isso cobre toda a Constituição dos Estados Unidos? Nem de perto. Para memorizar uma lista ou processo, você naturalmente terá de enxugar muito. O Método em Cadeia fornece um lembrete para as informações que você já tem e dá a seu detetive de memória pistas para resolver o caso.

[37] Lembrar das cinco fases da mitose

O MÉTODO EM CADEIA (ver página 88) aliado à sua imaginação facilitará a lembrança das fases da mitose (o processo de divisão de uma célula). Se tem dificuldade para lembrar não apenas das fases, mas também dos detalhes, talvez seja necessário usar um Palácio da Memória (ver página 86). Vou destacar ambos nesta seção, portanto escolha o que funciona melhor para no seu caso. Ainda que não precise saber sobre a mitose e seus respectivos detalhes, experimente a técnica de qualquer forma e impressione as pessoas com seus conhecimentos científicos.

A TÉCNICA: Método em Cadeia ou o Palácio da Memória
Converta cada fase em uma imagem mental e a anexe à próxima em uma cadeia, como fez com a Constituição americana (ver página 89). Para lembrar mais detalhes, como os centríolos e o que acontece em cada etapa, use um Palácio da Memória. Escolha um cômodo que você conheça bem em sua casa (ou o laboratório de ciências da escola), imaginando cada parede e canto como um local para armazenar informações. Então tudo o que tem a fazer é preencher esses locais com detalhes, começando com os nomes da fase.

COMO FAZER

PRÓFASE • METÁFASE • ANÁFASE • TELÓFASE • INTÉRFASE
Para formar as imagens para o Método em Cadeia ou o Palácio da Memória, use a criatividade para quebrar as palavras. O que elas lembram a você?

MÉTODO EM CADEIA

1 PRÓ. Pense em aspectos favoráveis das metas que você tem para sua vida.

2 META. Pense nos objetivos que têm na vida. Conecte-os ao "pró" do elo anterior.

3 ANA. Pense em uma fada madrinha chamada Ana que o ajudará a alcançar as metas. Use o que funcionar melhor em sua imaginação para se conectar com o elo anterior (a meta).

4 TELO. Imagine um telefone. Como geralmente usamos a palavra "telefone" hoje em dia, imagine um telefone antiquado para facilitar a memória do "telo". Conecte o "telo" à fada madrinha Ana do elo anterior, com quem você fala por esse "telo".

5 INTER. Pense no time do Internacional de Porto Alegre, mas caso não tenha familiaridade com times de futebol, use uma imagem do filme Interestelar, para idealizar o planeta que Ana habita.

Veja um exemplo:

> ***Imagino que tenho como meta de vida morar no campo. Penso nos prós como uma rotina tranquila em que cultivo uma pequena horta e um jardim. Conto, entre outras formas de incentivo para continuar na busca dessa meta, com os conselhos da minha fada madrinha, a Ana. Falo com ela por um telefone especial, o telo, que a alcança no distante planeta que ela habita e que vi no filme Interestelar.***

PALÁCIO DA MEMÓRIA

Para lembrar de todos os detalhes e partes de cada fase, use um Palácio da Memória como, por exemplo, o laboratório de ciências da escola. Começar pensando nas fases, como centríolos, DNA etc., como imagens ilustradas já ajuda. Você deve conseguir imaginar como são os condensadores de DNA e centríolos em movimento, porém ampliados de tal forma que seja possível ver isso acontecendo no ar ou dentro de um aquário.

Veja um exemplo:

> ***Imagine um dos prós (prófase), que é poder cultivar uma horta e um jardim, da sua meta (metáfase). Imagine-se cuidando das plantas, dividindo a terra em compartimentos (como uma célula se divide). No seu jardim, pense que vê uma flor tão de perto que consegue enxergar o DNA de uma das pétalas.***

Esse truque de memória torna a tarefa de lembrar de todas as fases mais fácil, contudo, ainda é necessário que você estude o material didático. O truque é uma ferramenta, não um atalho! Experiente e veja como funciona bem.

[38] Lembrar os dígitos do Pi

AS PESSOAS FICAM ADMIRADAS quando recito os dígitos do Pi. É claro que hoje em dia até mesmo lembrar números de telefone parece difícil, mas o número Pi não é mais difícil do que isso. Quer impressionar as pessoas como um "nerd"? Memorize os trinta dígitos do Pi. Se usar os conceitos já apresentados neste livro, é mais fácil do que você pensa.

A TÉCNICA: Use um código secreto

Depois do que você aprendeu até agora, esta técnica é muito fácil. É possível entendê-la como um código secreto. Use seu método favorito para traduzir números em imagens: Método DOPH (página 30), Sistema Simples (página 33), Sistema Principal (página 45), ou Sistema da Rima (página 42). Se ainda não escolheu o seu favorito, chegou a hora de fazê-lo.

Caso ainda não tenha todos os dígitos do Pi memorizados, o que aposto, já que você está lendo este livro, aqui estão os trinta primeiros: 3,141592653589793238462643383279.

COMO FAZER

1. **Vamos supor que você possa se lembrar do número inicial "3" sem nenhuma imagem mental. Então comece à direita da casa decimal. Converta os dígitos do Pi seguintes em imagens criativas.**
2. **Use o Método em Cadeia (página 88) para conectar as imagens.**
3. **Continue até ter certeza de que vai impressionar as pessoas. (Mas pare antes que pensem que você é esquisito.)**

Os exemplos a seguir utilizam cada método para 12 dígitos. Basta continuar o processo se quiser fazer os trinta (ou mais) completos.

SISTEMA DA RIMA

Cancun-MPB4-Cancun-Ornitorrinco-Karamazov-Baião-de-dois-Reis-Ornitorrinco-Português-Ornitorrinco-Biscoito-Karamazov...

Comece com Cancun (1). Imagine que o próximo show do grupo MPB4 (4) é nessa cidade. Quando você chega em Cancun (1) dá um pulo na praia e acaba encontrando um ornitorrinco (5) lendo um exemplar de "Os Irmãos Karamazov" (9) e comendo um baião-de-dois (2). Na plateia, estavam também os reis (6) dos ornitorrincos (5) que falavam português (3) e pronunciavam "ornitorrinco" (5) enquanto comiam biscoito (8) e folheavam "Os Irmãos Karamazov" (9).

MÉTODO DOPH

1415926535897

14 e 15 = Contei R$ 14 ou R$ 15 em moedas que guardava no cofrinho que comprei em 92, no mês de junho. Fiquei 53 minutos contando...

SISTEMA SIMPLES

1 (vela), 4 (estações do ano), 1 (vela), 5 (anzol), 9 (pingo no pé), 2 (patinho na lagoa), 6 (Éramos Seis), 5 (anzol), 3 (triciclo), 5 (anzol), 8 (polvo), 9 (pingo no pé)... crie sua própria história usando essas ideias.

SISTEMA PRINCIPAL

Taco de beisebol no verão (14) — Taco de beisebol com anzol (15) — Pingos de chuva na lagoa (92) — Éramos Seis anzóis (65) — Um triciclo com um anzol em cima (35)...

O Sistema Principal usa dois dígitos de cada vez, tornando o processo mais rápido — mas antes é preciso investir um tempo a mais para desenvolver o sistema.

Essa é sua chance de colocar a imaginação para trabalhar. Pode parecer um pouco estranho, mas tente de qualquer forma. Uma vez que sua mente começa a pensar dessa maneira, você se torna mais imaginativo e terá mais facilidade para se lembrar do que precisar.

DICA | SEU SISTEMA NUMÉRICO

Qual sistema numérico é o mais adequado no seu caso? Apresento quatro sistemas neste livro porque muitas pessoas reclamam que os números são difíceis de guardar. Se você prefere inventar as coisas à medida que avança, use o Método DOPH. Caso contrário, o Sistema da Rima é o preferido da maioria.

[39] Lembrar a combinação de um cadeado

DEPOIS DE MEMORIZAR O PI, a combinação de um cadeado deve ser fácil! Mas, uma vez que as consequências de não recordar essa combinação são piores do que esquecer o número Pi, é importante fazêlo corretamente: adicione detalhes e revise para lembrar. Você então conseguirá abrir a fechadura quando estiver estressado, cansado ou com pressa.

A TÉCNICA: Desbloquear com uma história

Já selecionou seu método favorito de sistema numérico? Caso a resposta seja não, por favor, faça isso. Não quer incômodos? Use o Método DOPH (ver página 30): converta os números em dinheiro, objetos, pontuações esportivas ou horários conforme avança na tarefa — e sem precisar se preparar de antemão. Use o sistema numérico de sua preferência para imaginar os três conjuntos de dígitos e combiná-los em uma história divertida e que pode ser facilmente lembrada. A propósito, certifique-se de que tenha a combinação. Essa técnica não foi feita para ajudá-lo a se recordar de números já esquecidos, desculpe!

COMO FAZER

1. Obtenha a combinação e escreva-a em um papel.
2. Converta os números em imagens criativas. Não se esqueça de utilizar a sigla CATT (Cor, Ação, Tamanho e Textura).
3. Conecte as imagens em uma história engraçada e mnemônica. Continue adicionando mais detalhes até ficar tão claro em sua mente quanto o último filme que você viu.
4. Abra a fechadura três vezes, testando a combinação sem olhar para a senha escrita. Use apenas sua memória.
5. Abra a fechadura "de cabeça" mais três vezes amanhã de manhã.
6. Quando tiver a combinação registrada na memória, guarde em algum lugar seguro uma anotação com esses números.

Veja um exemplo:

Combinação de fechaduras: 16-01-12

O MÉTODO MAIS EFICAZ

16 = maioridade eleitoral; 01 = uma bola e um taco de beisebol; 12 = uma dúzia de ovos

Quando você fez 16 anos, quis uma bola e um taco de beisebol, mas ganhou no lugar uma dúzia de ovos.

Sistema da Rima

Cancun-Reis; Homero-Cancun; Cancun-Baião-de-dois

Em Cancun, os reis leem Homero porque em Cancun, só em Cancun, eles comem baião-de-dois.

[40] Aprender a tabela periódica de elementos

MEMORIZAR A TABELA PERIÓDICA é uma façanha solene. Para isso, você poderia apelar à decoreba (entediante e lenta), algumas músicas engraçadas (divertido, mas não individualizado) ou escolher o Método Acelerado da Tabela Periódica (ATP). Adivinhe qual delas eu recomendo? Não importa qual método escolha, isso exigirá esforço. Mais do que os outros métodos, o Método ATP permite que você use sua imaginação para que a informação permaneça acessível por muito mais tempo.

A TÉCNICA: Método ATP

A memorização dos 118 elementos em ordem pelo nome, símbolo e número é relativamente fácil se você tiver prestado atenção às técnicas apresentadas até o momento. O Método ATP é uma combinação do Método CAR (ver página 81) e o Método em Cadeia (ver página 88). O Método Ligar (ver página 76), o do Palácio da Memória (ver página 86) e o do Imagens do Alfabeto (ver página 32) também entrarão em jogo para ajudálo.

O primeiro grande passo é decidir o quanto precisa memorizar. Lembrar os elementos pelo nome em ordem enquanto descobre o número atômico é o mais fácil e utiliza apenas uma técnica. Aprender os elementos por grupo utiliza uma técnica similar com um elemento adicional (desculpe!). Finalmente, aprender todos os nomes, símbolos e números é possível usando a mesma técnica, mas com mais imagens detalhadas.

COMO FAZER

MÉTODO ATP 1

1 Use o Método CAR e o Método em Cadeia para converter os 118 elementos em imagens.

2 Use o Método Ligar para lembrar de quaisquer símbolos que você consiga ("Au" do Ouro, por exemplo).

3 A cada dez elementos, acrescente um marcador mental visualizando a imagem para o elemento sinalizador. Será possível lembrar o número atômico saltando os elos dos 10 elementos até que esteja perto daquele cujo número você queria. Por exemplo:

Hidrogênio = Hidrante com um chapéu de formatura.

Hélio = Balão. Conecte os dois primeiros: um hidrante voa preso a um balão.

Lítio = Bateria. Conecte o balão a uma bateria. O hidrante preso no balão começa a jorrar um líquido de bateria.

Berílio = Bermuda. O hidrante começa a se transformar e a ter forma humana. Para não ficar pelado, ele veste uma bermuda.

Boro = Choro. O hidrante ganha mais feições humanas e começa a cair no choro.

Carbono = Carro. Um carro atropela o hidrante, que chora ainda mais.

Nitrogênio = Bomba. Tem uma bomba dentro do carro, que explode com a batida.

Oxigênio = Oxigênio. O hidrante começa a expelir água oxigenada.

Flúor = Dentes brancos. A transformação do hidrante em um homem se completa e ele fica com um sorriso de orelha a orelha e dentes superbrancos.

Neônio = Lâmpada cor néon. O letreiro em néon no cenário da batida pisca dez vezes antes de se apagar, sinalizando que o número atômico do Neônio é 10.

4 Repita, certificando-se de ligar cada elemento anterior ao seguinte. Todos os símbolos para os primeiros dez elementos fazem sentido e são fáceis de lembrar. Quando não o fazem, ligue a imagem com o Método Imagens do Alfabeto (ver página 32). Para Potássio com o símbolo K, ligue o elemento (imagine uma banana ou um tomate) com o Método Imagens do Alfabeto para K: kiwi.

5 Para encontrar o número de qualquer elemento, conte-os a partir do início ou encontre o elemento sinalizador mais próximo e conte a partir dele. Para o Nitrogênio, imagine sua imagem (bomba), encontre-a em sua cadeia de histórias, depois encontre o elemento sinalizador mais próximo, que está a três elementos de distância do Neônio, portanto o número do Nitrogênio é 7 (10 menos 3).

MÉTODO ATP 2

1 Utilize essa mesma abordagem para lembrar os elementos dos oito grupos principais, com um acréscimo: comece imaginando uma âncora e ligando-a ao primeiro elemento. (Note que isso é mais fácil de certa forma: oito correntes — uma para cada grupo — sendo cada cadeia muito mais curta do que a corrente de 118 elos do primeiro método). Veja um exemplo:

Âncora: Gases nobres = Rei (um nobre) com um gás verde malcheiroso ao seu redor.

Hélio: O primeiro elemento. Conecte o rei com um balão.

Néon: Conecte o balão com um letreiro néon.

Argônio: Conecte o letreiro com um pirata ("Arrrr").

Criptônio: Conecte o pirata com um conhecido super-herói.

Xenônio: Conecte o super-herói com uma conhecida heroína (Xena, A Princesa Guerreira).

Radônio: Conecte-a com um radinho de pilhas.

2 Para lembrar o número atômico com esse método, use um dos sistemas numéricos já conhecidos para converter o número em uma imagem. Acrescente essa figura à mistura para criar a história: Hélio (2) = o balão tem dois patos pendurados na corda. Neônio (10) tem a nota máxima (nota 10!). Argônio (18) acabou de atingir a maioridade civil.

3 Repita para os outros grupos, certificando-se de começar cada grupo com a imagem de âncora. Para garantir que se lembre de cada grupo, conecte as imagens do grupo em uma cadeia de grupo.

MÉTODO ATP 3

Ainda está acompanhando? Para aprender a ordem, o número, o grupo, a massa atômica, o ponto de mudança de estado, o ponto de ebulição ou qualquer outra informação, agrupe-os e detalhe minuciosamente cada personagem nas suas imagens mentais. Por exemplo, além do balão (Hélio) com dois patos pendurados na corda (número atômico 2), acrescente as estações do ano (4) com duas bolas de beisebol (00), um par de patinhos (2) e um exemplar de "Éramos Seis" (6), nessa ordem, para guardar o valor do peso atômico de 4.0026.

Sim, esse método exige esforço, mas não tanto quanto a decoreba, e é mais flexível do que usar a música de outra pessoa. Comprometa-se em reservar trinta minutos para experimentá-lo. Você irá tão longe —e será tão memorável — que não vai mais parar de fazer isso.

[41] Aprender capitais estaduais e mundiais

PARA TER UM BOM NÍVEL de conhecimentos gerais, você precisa saber quais são as capitais dos estados americanos e do resto do mundo. Se estiver interessado em viajar, saber essas informações pode vir a ser ainda mais útil. De todo modo, você pode querer aprender o nome dessas cidades simplesmente para exercitar sua memória. O Método CAR torna essa aprendizagem rápida e fácil.

A TÉCNICA: Viaje de CARro ao redor do mundo

Este é um método simples, porém poderoso, para lembrar as capitais. Tudo de que você precisa é sua criatividade! Como deve lembrar do truque de memória anterior, o Método CAR segue a fórmula: 1) Converter, 2) Associar, 3) Repetir. Imagine que está dirigindo ao redor de um mapa-múndi e parando em todos os lugares interessantes — nesse caso, as capitais.

COMO FAZER

1. **Converta tanto a cidade como o respectivo estado, ou a cidade e o respectivo país, em imagens baseadas na própria palavra ou no que ela o faz lembrar.**
2. **Associe as duas imagens usando CATT (Cor, Ação, Tamanho e Textura).**
3. **Repita as imagens, acrescentando detalhes para que fiquem mais mnemônicas.**

Veja alguns exemplos.

Canberra, Austrália

Converter. O que lhe vem à mente quando você pensa em Austrália? Praias, recifes de coral, cangurus? Escolha uma imagem e visualize-a. Em seguida, converta Canberra em uma imagem. Essa palavra me faz pensar em uma cabra berrando (ca-n-berra).

Associar. Uma cabra berrando no meio de uma praia.

Repetir. Adicione detalhes. Como a cabra chegou ali? Por que ela berra?

Porto Novo, Benin

Converter. Benin ("beh-nin") me faz lembrar "bem" e "querubim". Porto Novo me faz pensar em um porto bem moderno.

Associar. Quando chego no porto futurista para embarcar em um cruzeiro, me deparo com um bem que te pertence e um querubim.

Repetir. Adicione detalhes. Por que o anjo está com o seu bem? Que bem material seria esse? O querubim seria o sinal de alguma coisa boa no seu destino?

Nem suas imagens no passo 1 nem suas associações no passo 2 têm de ser exatas ou até mesmo que fazer muito sentido. Elas têm de ser interessantes o suficiente para dar a seu detetive de memória algumas pistas extras. A mesma técnica pode ser utilizada para as capitais americanas.

Frankfort, Kentucky

Converter. Kentucky poderia ser aquela marca de fast food especializado em frango frito (KFC). Frankfort pode ser alguém conhecido por ser franco e forte.

Associar. Um homem franco e forte vai até o KFC para experimentar o balde de frango frito mais famoso do mundo.

Repetir. Adicione mais detalhes para garantir que sua mente registrará as informações.

[42] Memorizar mais rápido para cumprir prazos

A PRIMEIRA VEZ que tentei memorizar as cartas de um baralho em cinco minutos ou menos, em uma competição, eu falhei. Não consegui memorizar tão rapidamente. Agora consigo fazer isso em menos de sessenta segundos. Mostrarei meu truque aqui.

Precisa se lembrar de informações rapidamente? Você consegue! Claro que é melhor se tiver uma base sólida com o domínio destas técnicas, então espero que não esteja lendo este truque na noite anterior ao seu exame final! Mesmo sem muita prática, no entanto, ela pode funcionar.

A TÉCNICA: Esforce-se para ir mais rápido

Sua mente é mais rápida e mais apta para lembrar do que você imagina, portanto, esforçar-se para ir mais rápido pode proporcionar resultados surpreendentes. Neste ponto do livro, você já deve ter experiência em converter o que está aprendendo em imagens exageradas e marcantes. Quanto mais praticar o Método CAR (ver página 81) ou o Método em Cadeia (ver página 88), mais rapidamente conseguirá fornecer pistas para seu detetive de memória.

Tenha suas notas, mapa mental ou material já preparados. Você também vai precisar de um temporizador de contagem regressiva e de disposição para se esforçar! O método envolve tanto converter mais rapidamente informações essenciais em imagens quanto acelerar o processo com as figuras criadas anteriormente acrescentando detalhes mais malucos, se estiver no momento da revisão. Depois, você testará a si mesmo para forçar sua mente a relembrar todo o material.

COMO FAZER

1. **Planeje sua sessão de estudo. Quanto tempo você tem? Quantas sessões de dez minutos consegue fazer? Organize-se em torno disso. Para a primeira sessão, estabeleça um cronômetro de contagem regressiva de cinco minutos.**
2. **Escolha uma página, seção, lista, ou capítulo que precisa aprender (ou revisar) em cinco minutos.**
3. **Inicie o temporizador e mergulhe no material. Esforce-se. Vá mais rápido do que imagina que conseguirá lembrar. Faça um jogo: qual é a sua velocidade máxima de aprendizagem?**
4. **Para aprender de uma vez por todas: traduza tudo o que quiser lembrar em uma imagem e ligue-a a alguma coisa. Imagine a pergunta e a resposta e conecte-as, coloque as informações em um Palácio da Memória (ver página 86), ou conecte as ideias umas às outras usando o Método em Cadeia.**
5. **Para revisar as informações mais uma vez: veja as imagens que já criadas, revendo as conexões e histórias singulares.**
6. **Não diminua o ritmo mesmo que sinta que não está apreendendo a informação. Confie na velocidade da sua mente.**
7. **Quando o temporizador terminar a contagem, pare e reinicie-o para outros cinco minutos. Feche os olhos (ou cubra parte da página) e teste sua memória imediatamente. Testar logo depois de estudar o material, em vez de esperar até o final da sessão, é melhor para lembrar. Quer você se recorde de tudo, quer não, não se preocupe. Quando o temporizador desligar, destaque qualquer área problemática com um marcador de texto ou caneta vermelha (usar uma cor diferente do habitual é importante). Não reveja ou estude enquanto estiver marcando. Basta observar as partes com as quais você teve dificuldade e seguir em frente.**

8 Continue o estudo com outra seção: passe cinco minutos lendo ou revisando uma maior quantidade de informações do que você pensa ser possível lembrar, depois faça cinco minutos de testes, seguidos rapidamente da etapa de marcar as áreas de que não se lembrou quando testou a si mesmo.

9 Ao final da sessão de estudo, fixe o temporizador para cinco minutos e revise todas as áreas destacadas ou marcadas desde o início da sessão até o final. Vá o mais rápido que conseguir. Reinicie o temporizador e teste-se durante cinco minutos, depois marque qualquer trecho ou informação, com uma caneta ou marcador de cores diferentes, tudo o que não tenha apreendido ainda.

10 Diminua o ritmo e concentre-se nas partes que não apreendeu. Reveja este livro buscando uma técnica que possa ajudar. Caso tenha usado e mesmo assim não conseguiu gravar tudo, talvez as imagens que elaborou não sejam exageradas e ou tenham detalhes bizarros o bastante para serem memoráveis. O que é chato será esquecido; o que é extravagante será lembrado. Tenha certeza de que suas figuras e histórias criativas sejam tão bizarras ou bobocas quanto possíveis.

11 Faça uma pequena pausa. Feche os olhos e relaxe. Não leia, não veja TV, não se preocupe com o material nem pense nele. Descanse. Deixe a sua mente processar as informações em segundo plano.

12 Repita conforme necessário, dependendo da quantidade de material a ser estudado e do tempo disponível.

[43] Preparar-se para provas importantes

QUANDO CHEGA A HORA de se jogar nos livros para se preparar para vestibulares, ENEM, concursos públicos e outros exames importantes, é o momento de levar a sério a necessidade de guardar na cabeça grandes quantidades de dados da forma mais rápida, fácil e eficiente possível. O tempo disponível para estudar é limitado, então você precisa utilizá-lo sabiamente. Os 42 "truques de memória" que aprendeu até agora lhe permitirão maximizar o seu tempo. A partir de agora, você aprenderá e revisará de forma a "prender" as informações em sua mente para que possa se lembrar facilmente quando precisar delas.

A TÉCNICA: Combinar métodos para superar as expectativas

Os exames de admissão não testam a memorização propriamente dita, porém, saber o máximo de informações possível é de grande valia para os candidatos. Muitos exames exigem um vocabulário excelente. Alguns demandam conhecimento de conceitos e fórmulas matemáticas (ver página 106). Todos eles exigem a utilização de métodos de estudo eficazes que garantem a aprovação. Felizmente, você já aprendeu quatro ferramentas para dominar uma grande quantidade de material preparatório para testes:

1 **O Método CAR** (página 81).
2 **O Método em Cadeia** (página 88).
3 **O Método Ligar** (página 76).
4 **Palácio da Memória** (página 86).

Combinar esses métodos e utilizar as técnicas de estudo já apresentadas neste livro tornará mais fácil a organização dos estudos para provas importantes.

COMO FAZER

1 Com seu livro de preparação para testes em mãos, use os conceitos do truque #42 (Memorizar mais rápido para cumprir prazos), na página 101, para passar os olhos em seções inteiras de forma célere, aprendendo e testando-se à medida que avança. Isso lhe dará uma indicação dos pontos que precisam de uma dedicação maior de tempo.

2 Aperfeiçoe seu vocabulário. Vá para o truque #54 (Melhorar o vocabulário para ter sucesso nos negócios), na página 132, e leia-o. Aplique o Método CAR para aprender, por dia, o máximo de palavras que conseguir. Estabeleça um objetivo, pratique o método e esteja diariamente mais perto de sua meta.

3 Para aprender ou revisar uma quantidade gigantesca de informações detalhadas, crie múltiplos Palácios da Memória. Use sua casa atual, um lugar onde já morou, seu shopping favorito, uma loja, um parque, um estádio, uma sala de aula ou uma biblioteca. Escolha qualquer lugar que você possa facilmente imaginar e visualizar mentalmente.

Por exemplo, se você está se preparando para o Medical College Admission Test (MCAT; exame para faculdades de medicina nos Estados Unidos), designe certas salas da casa onde viveu sua infância como as áreas de armazenamento dos tópicos sobre a fisiologia dos sistemas vivos. Cada peça de informação poderia ser imaginada, criativamente conectada a conceitos associados e retratados em detalhes. Se tiver mais dificuldade com uma pergunta no teste sobre esse assunto, você estará preparado para "olhar" em sua sala de estar, por exemplo, e "ver" o tópico geral e os respectivos detalhes específicos.

a] Selecione dez locais por cômodo ou área principal a partir do batente da porta (se for um quarto) e olhando para a esquerda (no sentido horário é geralmente mais fácil do que no anti-horário, mas use o que quer que funcione melhor para esse ambiente). O primeiro local será a parede ou o canto mais próximo da porta. O que há naquele lugar? Uma lâmpada, uma mesa, uma planta? Esse é o #1. O local seguinte é a parede ou o canto mais próximo, seja qual for o item principal ali, esse espaço é o #2. Continue até que você tenha dez locais enumerados, usando a sequência parede-canto-parede-canto. Finalize com o teto (#9) e com o piso (#10).

b] Escreva o nome do Palácio da Memória e atribua os locais a itens ou tópicos. Reveja esse processo várias vezes, de frente para trás e de trás para frente, até que você reconheça facilmente os locais. Parece um trabalho extenso de preparação, mas é fácil depois que praticar algumas vezes. E quando começar a armazenar informações nos locais, fica claro como essa técnica é poderosa. Quando você se der conta, já poderá organizar, adaptar e enxugar um número absurdo de dados.

[44] Lembrar de fórmulas para exames

GUARDAR FÓRMULAS NA CABEÇA parece incrivelmente difícil e enfadonho, mas não precisa ser. Sua imaginação é a chave para tornar qualquer coisa fácil e divertido de lembrar. Veremos algumas fórmulas comuns para o Graduate Record Examination (GRE, exame de seleção para a pós-graduação nos Estados Unidos) e outros exames. Economize seu tempo e estude melhor, dedicando-se para gravar todas elas. Lembre-se, a mente adora imagens e as acha mais fáceis de lembrar.

Qualquer coisa pode ser convertida em uma imagem com base na lembrança que ela invoca. Assim, é apenas uma questão de conectálas em uma história ou filme singular o suficiente para ser inesquecível.

A TÉCNICA: Interação com itens

Este método simplesmente converte qualquer conteúdo de uma fórmula para uma imagem, depois use sua imaginação para vê-los interagindo. Uma fórmula fácil você já deve saber que é a área de um círculo: $A = \pi r^2$.

Como lembrar disso? *A* para área é fácil. Pi pode ser facilmente visualizado como sua torta (*pie*, em inglês) favorita. *R* significa *raio*, mas pode ser *rato* ou *robô*. A multiplicação está implícita e tanto pode ser lembrada em contexto ou convertida em uma imagem: "vezes" pode ser um coral de vozes. A imagem da fórmula para a área do círculo torna-se, assim, uma torta devorada por dois ratos — um está sobre os ombros do outro para representar a potência ao quadrado, enquanto um coral de vozes assiste a tudo. Também seria possível colocá-los dentro de uma caixa para representar o "quadrado" ou mesmo deixar essa parte de fora porque sua memória natural vai preencher por você o espaço deixado.

COMO FAZER

1 Tenha certeza de ter compreendido a fórmula. Há uma grande diferença entre memorizar alguma coisa e saber como funciona. Use esse truque para ajudá-lo a aprender mais rápido e entender melhor.

2 Escreva a fórmula em palavras que façam sentido.

3 Converta as palavras em imagens. Use a criatividade para fazer as imagens interagirem.

4 Reveja e acrescente detalhes.

Veja alguns exemplos.

CIRCUNFERÊNCIA: C = o(2r) ou od

A distância em torno de algo (como um círculo) é igual a Pi vezes (duas vezes o raio), ou Pi vezes o diâmetro.

Imagine a circunferência (eu vejo um círculo) sendo o mesmo que uma torta que bate em dois ratos ou uma torta que bate em um diamante.

DISTÂNCIA, VELOCIDADE E TEMPO

d = vt

A distância é o quão longe estou de uma vitrola.

Você pode receber a distância e o tempo e ser perguntado sobre a velocidade. Veja a fórmula:

v = d/t

velocidade = distância dividida pelo tempo

Quão rápido gira a vitrola para virar um disco voador e atravessar uma cerca (/) para a Turquia?

ÁREA DE UM TRIÂNGULO

1/2 bh

Meia base vezes a altura

Quantas coisas podem caber em um triângulo? Imagine um triângulo em que você coloca meia banana e um hambúrguer.

Usar esse método quase parece uma trapaça, mas é apenas uma astúcia. Faça a parte matemática dos exames se tornar mais fácil ao memorizar as fórmulas enquanto aprende a usá-las. Isso lhe dará confiança para enfrentar sem medo os exames que o esperam.

[45] Lembrar do seu cronograma de aulas

UM NOVO SEMESTRE, um novo cronograma de aulas. Não é um grande problema se você tiver apenas algumas disciplinas, mas e se tiver muitas matérias, laboratórios, tarefas agendadas e outros trabalhos recorrentes cujo agendamento precisa lembrar? Truques de memória, ativar! Para obter os melhores resultados, recomendo a criação de seu próprio sistema, mas se o meu fizer sentido para você, use-o ou modifique-o conforme necessário.

A TÉCNICA: Sistema Dias Úteis

A técnica básica tem várias partes. Há uma pequena curva de aprendizado, e pode parecer complicado no início. Mas se você tiver uma agenda repleta de compromissos que precisam ser memorizados rapidamente, essa técnica lhe poupará tempo, esforço e o constrangimento de perder a noção de onde deveria estar em cada horário.

A cada dia é atribuída uma imagem que facilita a memorização. Recomendo o uso de pessoas ou personagens que lembrem o dia da semana. Para o tempo, você pode usar um dos sistemas numéricos: Sistema da Rima (ver página 42), Sistema Simples (ver página 33), Sistema Principal (ver página 45) ou Método DOPH (ver página 30). Ou você pode usar blocos: manhã, meio da manhã, almoço, início da tarde, final da tarde e noite. A cada um deles você atribuirá uma imagem. Então você traduz sua agenda em imagens, conectando-as para formar uma história inesquecível para cada evento.

COMO FAZER

1 **Liste os dias da semana e crie um sistema em que você imagine facilmente cada dia da semana como um personagem. Veja um exemplo e complete a tabela com a imagem que o dia da semana invoca para você:**

Dia da semana	Como soa para você	Imagem do dia para você
Segunda-feira		
Terça-feira		
Quarta-feira		
Quinta-feira		
Sexta-feira		
Sábado		
Domingo		

2 Para lembrar a hora de cada evento, é possível escolher um sistema numérico. Por exemplo, se sua primeira aula é às sete da manhã, pode ser que conseguia lembrar dela imaginando uma pilha de pães para o "café da manhã" como um lembrete enquanto sua memória natural preenche o detalhe da hora exata do compromisso. Se isso não funcionar ou se precisar do número exato, imagine um gato (para suas "sete vidas") para associá-lo com o dia da semana.

3 Examine seu calendário e crie sua agenda traduzindo tudo em imagens criativas e combinações, adicionando detalhes exagerados à medida que você avança.

Pratique preenchendo a tabela a seguir:

Segunda-Feira		
7h00		
10h00		
13h30		
16h00		
20h00		

Terça-Feira		
11h15		
13h00		
17h30		

O desafio com este sistema é começar a idealizá-lo. Depois que usar pela primeira vez, ele se torna praticamente automático e pode ajudar a evitar que você esqueça onde precisa estar em cada momento do dia.

[46] Tirar nota dez em Anatomia e Fisiologia

VOCÊ ESTÁ ESTUDANDO ANATOMIA e Fisiologia? Não entre em pânico! Técnicas de memorização funcionam muito bem para isso. Detalhei o Método CAR na página 81 primeiramente para aprender idiomas estrangeiros. Aqui, precisei modificá-lo para abarcar definições, funções corporais e mais — o que, se você refletir, vai perceber que é como aprender as palavras de uma língua estrangeira. Use esse método para obter sucesso nas aulas mais desafiadoras.

A TÉCNICA: Converter e associar

Como você aprendeu, CAR significa Converter, Associar e Repetir. Você fará a conversão de cada palavra, sufixo, prefixo ou parte do corpo em uma imagem. Depois, vai converter cada definição, significado ou outro detalhe em uma imagem própria. Em seguida, vai associar as imagens compondo um quadro ou um breve filme mnemônico. O exagero compensa aqui — a mente se lembra melhor dos detalhes bizarros, bobos, singulares, malucos, superdimensionados e coloridos. Revise a imagem ou filme extravagante, adicionando mais detalhes com base no método CATT (Cor, Ação, Tamanho e Textura).

Tenha em mente que a maioria das informações pode estar salva na sua memória se você leu o livro didático, participou de palestras e fez a lição de casa. Esse método é mais bem utilizado para informações que não são lembradas naturalmente ao usar as estratégias de estudo, o Método FIA (ver página 71) e a capacidade da sua memória natural.

COMO FAZER

1. **Converta cada peça em uma imagem. Por exemplo, você precisa lembrar "medial", e a definição é "em direção ao meio do corpo". Divida o termo "medial" em "med" e "dial" (um médico de fama mundial) e imagine uma linha no centro do seu corpo para lembrar "em direção ao meio do corpo".**
2. **Associe as duas imagens de uma forma bizarra e boba. A linha pelo centro de seu corpo tem uma tatuagem com o nome de Roberto Silva, um médico de fama mundial, bem no meio dela.**

3 Repita, acrescentando detalhes. De que cor é essa linha? Ela é larga ou fina? E o tamanho da tatuagem? O desenho cobre toda a sua barriga: ele está ou não centralizado? Feche seus olhos e imagine tudo em detalhes.

Veja um exemplo:

METABOLISMO = ANABOLISMO E PROCESSOS DE CATABOLISMO

O *anabolismo* é o processo de combinação de moléculas menores em moléculas maiores, substâncias mais complexas. O catabolismo é o processo mais complexo em que substâncias são quebradas em moléculas menores e mais simples.

1 Converta todas as palavras em imagens:

- **Metabolismo = Sistema de metas.**
- **Anabolismo = "Ana" (uma mulher com esse nome), o que sempre me faz lembrar "banana" = a banana ficou famosa ao criar um sistema de metas que hoje ajuda todas as outras frutas a ficarem mais nutritivas e saborosas.**
- **Catabolismo = um gato ("cat", em inglês) que brinca com uma bola; esta vai se desmanchando em pedaços menores e mais simples.**

2 Associe as palavras, desta vez utilizando o Método em Cadeia (ver página 88): criar um filme com o gato e a banana, ambos brincando com a bola. Imagine que o gato e a banana acabam criando um sistema de metas para tornar o jogo ainda mais interessante.

3 Adicione detalhes. O gato é laranja e grande como um tigre, e a banana é azul e do tamanho de um taco de beisebol, e o jogo que eles criaram a partir do sistema de metas é atualmente um dos mais praticados do planeta!

[47] Lembrar qualquer receita

ADORA cozinhar, mas depende totalmente dos livros de receitas? A memorização nesse caso facilita a vida mesmo que você não seja um *chef* profissional. Primeiro, defina o que precisa: você sabe a maioria das receitas, mas esquece certas partes ou medidas? Precisa lembrar os ingredientes para saber o que deve comprar quando estiver no mercado? Deseja memorizar a receita inteira, desde os ingredientes até as medidas?

Sua resposta pode ser diferente dependendo do tipo de receita — assar um bolo *versus* preparar o jantar, por exemplo. Não importa o que seja, é possível lembrar facilmente as receitas com este truque de memória.

A TÉCNICA: Sistema de Receitas

O Sistema de Receitas é usado para lembrar as medidas e etapas de qualquer receita. Montei o meu associando uma imagem para cada tipo de medida da lista a seguir; treine o sistema criando você mesmo imagens para os itens em branco:

- 1 xícara — Uma bola cheia
- 1/8 de xícara — Um dos oito braços de um polvo enrolado na bola
- ¼ de xícara — Um quarto decorado com uma bola dentro
- ½ xícara —
- 1/3 de xícara —
- 3/4 de xícara —
- 1 colher de chá — Uma vela em cima de uma xícara em miniatura
- 1/8 de colher de chá — Um polvo dentro da xícara pequenina
- 1/4 de colher de chá —
- 1/2 colher das de chá — uma meia dentro de uma xicarazinha
- 3/4 de colher de chá —
- 1 colher de sopa — um palito dentro de um prato de sopa

Crie conexões com as imagens que façam sentido para você, por mais bobocas que sejam. Se tem o costume de usar uma medida que não está listada, crie uma imagem ou escolha uma figura aleatória que invoque para você assuntos culinários. Os processos também precisam ter uma imagem mental, mas devem ter uma denominação básica, sem nomes elaborados, como cozinhar, ferver, assar ou grelhar — ou geralmente são óbvios no contexto.

COMO FAZER

1. **Selecione uma receita que gostaria de decorar.**
2. **Leia duas vezes, feche os olhos e confira se já a apreendeu. Quais partes são difíceis de lembrar?**
3. **Converta o que não conseguiu lembrar em imagens mentais usando o sistema previamente esquematizado.**
4. **Use um dos sistemas numéricos para recordar as unidades de medidas como "duas xícaras" = duas bolas cheias.**
5. **Ligue tudo usando o Método em Cadeia (ver página 88) para lembrar a ordem dos passos.**
6. **Reveja a receita enquanto acrescenta detalhes à sua história ou filme mental.**
7. **Faça o prato usando apenas a memória, olhando para a receita somente se absolutamente necessário. Forçar sua mente a lembrar-se da receita o ajudará a recordar os detalhes mais facilmente da próxima vez.**
8. **Bom apetite!**

Isso é muito mais fácil na prática do que parece na leitura. São apenas algumas poucas imagens para aprender de verdade e, se as figuras apresentadas acima não forem memoráveis para você, é só imaginar as suas próprias. Experimente com um prato para cujo preparo você sempre precisa da receita e desfrute da sensação de finalmente conhecê-la de cor.

DICA | E SOBRE OS INGREDIENTES?

Use o Método em Cadeia para primeiro pensar na imagem do prato, depois crie imagens exageradas de cada ingrediente, conectando tudo como em uma corrente. Não imagine simplesmente um tablete de manteiga ou uma xícara de açúcar. Imagine um tablete de manteiga de 1,80 m de altura que se espalha por um corredor do supermercado deixando o chão escorregadio e veja-se polvilhando açúcar tirado de um saco de quarenta quilos para evitar possíveis acidentes. Talvez seja necessário salpicar também pétalas de flores brancas feitas de farinha para deixar a imagem mais divertida e insólita. Tudo deve ser bizarro para que seja memorizável ou a técnica não vai funcionar!

[48] Lembrar suas falas em uma peça de teatro

O APLAUSO do público depois da apresentação de uma peça teatral é maravilhoso. Mas o medo de esquecer as falas já impediu que muitos aspirantes ao estrelato experimentassem a alegria proporcionada pelo sucesso da performance. Uma apresentação ao vivo é um verdadeiro teste de capacidade de memória sob pressão. Com tempo e esforço suficientes, é possível usar a decoreba para aprender as falas de seu personagem, mas aprendêlas rapidamente lhe dá mais tempo para focar apenas na atuação. Estes truques de memória possibilitam isso.

A TÉCNICA: Identifique **áreas problemáticas**

Felizmente, as falas nas peças (geralmente) fazem sentido. História, emoção e os personagens se juntam e interagem entre si. Ao ler sua parte, você naturalmente começa a imaginar as cenas, o que o ajuda a lembrar o que dizer. O primeiro passo para gravar suas falas é lê-las, trabalhar na visualização mental da cena, entender por que seu personagem diz aquilo e inteirar-se de quais trechos são fáceis de guardar na memória.

O passo seguinte é aplicar truques de memória às partes problemáticas.

Estas são frequentemente os momentos em que seu personagem inicia a cena sem um contexto claro para dar pistas do que vem a seguir, os diálogos mais complicados da peça ou quando há monólogos. Use este truque para acelerar o processo de aprender suas falas de cor e para se tranquilizar. Em uma emergência, você tem um lembrete preparado na mente para as falas que receia esquecer.

COMO FAZER

1 Leia o roteiro e analise suas falas. Identifique as linhas ou seções que parecem difíceis de lembrar.

2 Muitas vezes tudo de que nossas mentes precisam é de um empurrão na direção certa para começar. Para a primeira fala de uma cena, uma parte que pode fazê-lo tropeçar, ou para lembrar várias falas longas, converta as primeiras palavras em imagens e adicione-as à cena em sua mente.

Veja um exemplo:

Em Romeu e Julieta, o Príncipe entra e começa um discurso de 23 linhas. Transforme as primeiras palavras em imagens e ligue-as para dar à sua mente uma pista sobre cada uma delas.

a] Súditos rebeldes, inimigos da paz: seu rebelde favorito; escolha um do grupo de personagens no palco.

b] que profanais vossas espadas no sangue dos vizinhos: "Profano" é uma palavra que remete a Drácula, que profanou o aço de sua espada com o sangue de seus vizinhos. Imagine que um dos outros atores é o Drácula.

c] Eles não vão ouvir? O que, não pode ser! Seus homens, suas bestas: imagine os atores que estão no palco como animais (suas bestas) surdos (não vão ouvir) .

d] Isso apaga o fogo de sua fúria perniciosa: Faça do seu jeito: quais imagens essas palavras invocam para você?

3 Lembre-se fora do contexto. Escolha um amigo ou parceiro de cena com uma fala anterior à sua — de qualquer parte da peça — e leia em voz alta. Force sua mente a encontrar a fala fora do seu contexto.

4 **Volte para trás.** Não diga as sentenças de trás para frente, apenas mude a ordem das falas. Comece no final da peça e relembre cada seção em direção ao começo dela. Mentalizar a peça ao contrário com um parceiro de cena cria mais caminhos para memorizar as falas.

5 **Pratique transições.** Músicos profissionais praticam as primeiras notas de uma partitura, ou de uma parte dela que particularmente difícil, para obter nuances corretas. Pratique quaisquer passagens que você frequentemente tem dificuldade de lembrar.

6 **Escreva a primeira letra de cada fala ou passagem da peça com a qual tenha mais dificuldade.** Use esse artifício como uma chave para testar se você se lembra de cada palavra perfeitamente. Escreva e leia "R-s-e-t-p/p-o-t-n-s-s" como uma ajuda extra para memorizar a fala.

Com esses truques, você estará a caminho da fama e da fortuna em pouco tempo. Quando chegar lá, lembre-se dos simples mortais que o ajudaram (como eu!).

[49] Lembrar mensagens religiosas ou espirituais

VOCÊ PRATICA sua fé a partir da memorização de mensagens espirituais? Para algumas pessoas, a decoreba é o suficiente. Para elas, a leitura repetida das mensagens não só as ajuda a guardar as frases, mas também lhes proporciona uma sensação de conexão espiritual. Outros usam técnicas de memória para lembrar mais rapidamente do que a memorização mecânica permite. Eles preferem conhecer a passagem e refletir a respeito enquanto se deslocam, caminham na natureza, ou em outros momentos em que não tenham à mão o respectivo livro sagrado de sua religião.

A TÉCNICA: Use as primeiras palavras

O método para fixar na memória as passagens religiosas ou espirituais é fácil. Primeiro, identifique se precisa de ajuda para lembrar a palavra exata da mensagem ou é necessário apenas uma simples dica, como as primeiras palavras, para relembrar integralmente. Também pode ser que precise lembrar de alguns termos com os quais você tende a se confundir. Em seguida, identifique se também gostaria de saber o capítulo e o número do verso, versículo ou outro número da passagem ou da mensagem. Se assim for, sugiro aprender o Sistema Principal (ver página 45) para poder conectar rapidamente os números à imagem das primeiras palavras da passagem ou da mensagem.

COMO FAZER

1 **Leia a passagem e converta-a em uma história usando sua criatividade. Traduza algumas palavras-chave como se fossem ganchos para a memória. Veja um exemplo:**

> ***Bíblia NVI***
>
> ***E qual o pai de entre vós que, se o filho lhe pedir pão, lhe dará uma pedra? Ou, também, se lhe pedir peixe, lhe dará por peixe uma serpente? (Lucas 11:11)***

Imagino pais e mães em um tipo de reunião na escola dos filhos, observando um armário com porta de vidro dividido em compartimentos separados para pães, pedras, peixes e serpentes. Esses pais e mães são interpelados pelos professores sobre o que dariam para alimentar os filhos. Talvez só lembrar do próprio filho comendo uma pedra ou uma serpente pode ser o suficiente para suscitar a lembrança.

2 **Para se lembrar de uma passagem que você já conhece literalmente, traduza a essência da passagem em uma imagem como você fez no passo 1. Se já apresentou a passagem à memória por meio do estudo, provavelmente tem a imagem em sua cabeça. Fortaleça essa figura adicionando detalhes ou colocando você mesmo na cena formada.**

3 **Para aprender uma passagem palavra por palavra, leia-a primeiro três vezes, feche os olhos e teste-se. Quais palavras você lembra espontaneamente e quais esquece? Se você esquecer apenas algumas palavras, o que é comum, converta cada uma delas em imagens e ligue-as à imagem da história que se refere à passagem.**

4 Para dar pistas à sua memória de alguma passagem, pode ser preciso transformar muitas palavras menores em imagens. Crie essas figuras conforme você avança ou faça isso antecipadamente, atribuindo imagens a cada uma dessas palavras. A seguir estão algumas sugestões — use-as ou modifique-as de acordo com a sua necessidade. Algumas delas podem não fazer muito sentido para você, porque fazem parte do sistema criado por mim, usando rima, a imagem que me vem à cabeça quando penso no termo ou até fazendo atribuições aleatórias.

Palavra	Ideia de imagem
O	bola de tênis (ou golf)
Uma	vela
E	ponte
Isso	Posto de gasolina com I
Em	Inseto em cima de uma mesa
Ele	Um homem qualquer
Para	Um sinal de "Pare"
Deve	Alguma obrigação

5 Para memorizar os números associados a cada passagem, reserve um tempo para preparar completamente seu Sistema Principal, o que facilita a conexão das imagens numéricas com as figuras para cada linha ou versículo.

6 Veja o truque #48 (Lembrar suas falas em uma peça de teatro) na página 104 para mais ideias como, por exemplo, trabalhar com um parceiro para lembrar melhor.

Usar esse método é uma forma maravilhosa de fortalecer sua fé e sua memória ao mesmo tempo.

[50] Como ser um competidor de memorização

"**POR QUE RAIOS** alguém gostaria de se tornar um competidor de memorização?!" A ideia de se sentar em uma sala e fazer exercícios de memorização ao lado outras pessoas soa entediante? Não se preocupe, entendo completamente, mas acredite no que falo! Tornar-se um atleta da memória é como treinar para correr a Corrida de São Silvestre ou entrar para um time de futebol. Assim como correr melhora o condicionamento cardíaco e a forma física de modo geral, a memorização melhora a aptidão mental, e fazer isso na companhia de outras pessoas com o mesmo objetivo pode ser divertido. Abaixo confira algumas vantagens:

- A memória do dia a dia melhora muito.
- A capacidade de manter o foco e evitar distrações aumenta.
- É surpreendentemente agradável.
- Quem não é desse meio pensa que você é um gênio apenas por participar.
- Há camaradagem entre os competidores de memorização.
- Leia esta seção com a mente aberta. Eu adoraria ver você na próxima competição.

A TÉCNICA: Uma pequena quantidade de prática

Como atleta amador de memória, você usará os mesmos sistemas, métodos e técnicas ensinados ao longo deste livro. A única diferença entre uma pessoa que quer apenas melhorar a memória e um atleta da memória é o quanto cada um pratica.

Nas competições de memória, há de quatro a dez eventos diferentes acontecendo ao mesmo tempo. Esta é a parte surpreendente: você já tem 99% das informações de que precisa apenas lendo este livro para participar de uma competição de memória e sair-se bem.

Neste livro, eu não entro em detalhes para descrever os sistemas de memorizar as cartas de um baralho ou números binários, mas com um pouco de prática e alguns Palácios da Memória (ver página 86), você já está pronto. Note que não se trata de decoreba; todos os métodos necessários para a memorização competitiva dependem da criação de imagens ou filmes mentais estranhos ou engraçados para lembrar as informações. Os eventos mais comuns nas competições são:

- **NOMES E ROSTOS.** Fotos e nomes de pessoas do mundo todo.
- **NÚMEROS ALEATÓRIOS.** As provas podem ser: memorizar

um número com oitenta dígitos em menos de um minuto; cinco minutos para guardar a maior quantidade possível de dígitos de um número com seiscentos dígitos, ou eventos mais longos de até sessenta minutos para memorizar centenas de dígitos.

- **CARTAS DE BARALHO.** Memorizar um baralho o mais rápido possível (ou o máximo de cartas que você puder) em menos de cinco minutos, ou aproveite os eventos mais longos em que você memoriza o máximo de cartas que puder em uma hora.
- **NÚMEROS BINÁRIOS.** Memorizar 10011011000110101011001... por trinta minutos repletos de diversão.
- **PALAVRAS ALEATÓRIAS.** Memorizar colunas de palavras por quinze minutos.
- **NÚMEROS FALADOS.** Uma voz computadorizada fala um dígito aleatório por segundo. Os números nunca são vistos (e é claro que os concorrentes não estão autorizados a escrevê-los). Esse é o meu evento favorito e aquele em que estabeleci o recorde americano em dois anos seguidos (112 dígitos e 150 dígitos, respectivamente).
- **IMAGENS ALEATÓRIAS.** São exibidas fotos de cenas aleatórias como um pôr do sol, pássaro, ponte, estrada, flores, balão etc. e a ordem em que aparecem deve ser memorizada.

COMO FAZER

1 Confira estes dois sites dedicados a ajudar pessoas que treinam como atletas de memória: Memoryleague.com e Memocamp.com.

2 Comece com o evento Nomes e Rostos. É prático na vida real e não requer Palácios de Memória ou sistemas específicos.

3 Desenvolva pelo menos três Palácios de Memória (ver página 86) com dez locais cada. Em seguida, experimente o evento de imagens aleatórias ou o de palavras aleatórias usando seus Palácios de Memória para armazenar as informações.

4 Pratique um pouco várias vezes por semana, desfrutando tanto do desafio como do sentimento de realização.

5 Escolha uma competição e vá em frente. O site Memoryleague.com tem a

modalidade de competição direta na qual você nem precisa sair de casa para enfrentar um oponente e os embates são breves, chegando a no máximo quatro minutos.

6 Para saber mais sobre o esporte e ver uma lista de competições, visite www.iam-memory.org.

PARTE

3

Trabalho

A essa altura você já viu como os truques ensinados neste livro são poderosos. Continue lendo para descobrir como surpreender seus colegas de trabalho, chefes, gerentes ou clientes. Mesmo se você não estiver em um emprego do tipo tradicional das nove da manhã às seis da tarde, eu o incentivo a ler esta parte para descobrir mais técnicas que podem ser aplicadas a outras áreas da vida além da profissional.

[51] Hábitos de memória surpreendentes para sucesso nos negócios e nas vendas

TODOS TEMOS HÁBITOS. A questão é se eles nos ajudam a chegar aonde queremos ou se só nos atrapalham. Se já trabalhou com alguém que é "astuto" e tem aquele "algo a mais", deve saber como ele pode parecer impressionante, especialmente se sentirmos que uma comparação com ele não nos será favorável. Faça a si mesmo o favor de desenvolver bons hábitos de memória que impressionam as pessoas.

Estes hábitos específicos de memória podem ser usados diariamente para fortalecer a sua mente e ajudá-lo a alcançar uma memória melhor.

A TÉCNICA: Faça um backup de suas memórias importantes

Sou fã de escrever para registrar detalhes importantes, o que pode parecer estranho em um livro sobre truques de memória. Minha filosofia é que os negócios são importantes demais para serem deixados apenas a cargo da memória. Nossa memória deve ser o principal caminho para manter o controle das coisas, mas quando o dinheiro está em questão — nosso ou de nossos clientes —, é desejável utilizar um método secundário. Temos um backup dos dados que guardamos em nossos computadores, devemos fazer o mesmo com as informações que guardamos na nossa memória.

O primeiro hábito de memória, então, é a Backup do Cérebro; o seguinte é usar checklists e o último é reduzir o estresse. Desenvolva o hábito de usar essas técnicas. Todas elas ajudam a sua memória, revisando detalhes importantes, limpando a desordem na mente, organizando pensamentos e aliviando as preocupações.

COMO FAZER

1 O BACKUP DO CÉREBRO. Recolher todos os detalhes importantes que guardamos de cabeça e organizá-los em forma de planilha ou de gráfico (como o CRM, sigla em inglês para Customer Relationship Manager), em um banco de dados, em notas de reuniões ou até mesmo em um diário ajuda e muito! Escrever as informações diz à nossa mente para prestar atenção, já que aquele material é obviamente importante. Ficamos conhecendo o conteúdo

com o cliente ou durante o curso dos negócios e agora procedemos ao seu registro. A mente pensa: "Eu tenho de prestar atenção nisso!".

O método varia de acordo com seu negócio, mas faça anotações detalhadas ao final de cada dia. Se você for muito ocupado ou escrever não é a sua atividade preferida, fale com um colega de trabalho ou parceiro sobre os pontos importantes ou revise seu dia mentalmente enquanto volta para casa, por exemplo.

2 CHECKLISTS. Os pilotos de avião usam listas de verificação mesmo depois de voar milhares de vezes. Se seu trabalho envolve algo importante — e que trabalho não envolve? —, crie e use checklists. Elas ajudarão sua mente a se concentrar e, curiosamente, a liberar espaço para lembrar novas informações que, de outra maneira, se perderiam. Uma lista de afazeres também pode ajudar a reduzir a tensão ou o estresse. Sua mente pode acalmar porque ela não tem mais de rever detalhes a todo momento, na angústia incessante de se perguntar se está esquecendo alguma coisa importante.

3 ALÍVIO DAS TENSÕES. Todos sabemos que o autocuidado é essencial, mas quantos de nós fazem dele um hábito? Escolha algo — seja yoga, seja jiu-jítsu — e coloque em sua agenda. Só pensar "Vou me motivar" não tem funcionado, tem? E isso só cria mais tensão. Se você precisar de mais motivação, use a Técnica ACVVR, página 66.

A abordagem punitiva é especialmente eficaz no caso dos empresários e vendedores: reserve uma boa quantia em dinheiro e coloque-a em um envelope com uma anotação dizendo "Obrigado por seu maravilhoso trabalho!". Enderece a carta a uma organização que você deteste. Entregue-a a alguém de confiança. Autorize a pessoa a enviar o envelope se você não for a quatro aulas de yoga este mês ou não correr determinada distância. Essa abordagem também pode ser usada por semana ou por atividade com quantias menores. Embora seja um bom motivador, cuidado para que isso não resulte em um tiro no pé, criando mais estresse do que alívio.

[52] Lembrar atalhos do computador

CONFIAR NA sua memória economiza tempo e melhora a eficiência.

Lembrar atalhos do teclado pode parecer um detalhe menor, mas, considerando todo o tempo passado no computador, os segundos que você economiza contam, especialmente quando o software usado tem muitos *shortcuts* disponíveis. Muitos softwares de edição de vídeo, foto e áudio usam de atalhos de teclado, assim como banco de dados e programas de criação e edição de textos.

Esse truque de memória pode ser colocado em prática quase que instantaneamente. Use-o como uma técnica de curto prazo para preencher a lacuna entre a memorização do atalho e torná-lo parte de seu repertório, ou para ter na ponta da língua aqueles códigos raramente utilizados caso precise deles.

A TÉCNICA: **Sistema de Economia de Tempo**

Os atalhos de teclado são acionados quase exclusivamente por algumas teclas de controle e de deslocamento com outra tecla de letra ou símbolo. Tudo o que é necessário para seu sistema de atalhos é criar imagens mentais das principais chaves. A segunda tecla pressionada normalmente faz sentido quando você sabe termos em inglês: <Ctrl> F para "encontrar" (*find*, em inglês) será fácil de lembrar. Caso contrário, você usará uma Imagem do Alfabeto (ver página 32) para fazê-la aderir.

COMO FAZER

1 **Escolha uma imagem para cada tecla de atalho principal. Veja abaixo os meus exemplos.**

PC/Teclas	Imagem
Ctrl	Imagine o controle de um avião ou um piloto
Shift	Como essa tecla deixa as letras em caixa alta, ou maiúsculas, pense em um gigante
Fn (função)	Pode ser legal imaginar aquela planta funcho, também conhecida como erva doce
Símbolo do Windows	Pense no Bill Gates, fundador da empresa
Alt	Imagine alguém bem alto

Mac/ Teclas	Imagem
Shift	Como essa tecla deixa as letras em caixa alta, ou maiúsculas, pense em um gigante
Command	Pense em um capitão no comando da tropa
Control	Imagine o controle de um avião ou um rei (o símbolo dessa tecla me lembra uma coroa)
Option	É parecido com "operação", então pense em um médico pronto para uma cirurgia.

2 **Imagine o atalho do teclado pelo que ele faz ou um lembrete com base na tecla pressionada.**

3 **Combine a imagem da tecla principal com uma figura representando a segunda (e terceira em alguns casos) usando Imagens do Alfabeto (ver página 32). Às vezes é mais fácil começar com a figura da tecla principal, acrescentar a imagem da segunda, depois criar uma pequena história para associar a ideia do respectivo atalho.**

A seguir alguns exemplos:

Para ocultar tudo na tela do computador e minimizar todas as janelas:

PC: Tecla Windows + M	Imagine um macaco pulando de uma janela e fechando tudo em volta
Mac: Tecla Command + H	Um capitão chega ao hospital e começa a fechar todas as janelas

Para acessar os emojis disponíveis com atalhos:

PC: Tecla Windows + ponto final	Pense no Bill Gates no ponto de ônibus com um emoji com cara de cansado
Mac: Ctrl + Command + barra de espaço	Imagine um piloto e um capitão vagando no espaço sideral: veja a expressão facial deles como emojis.

Para colar algum texto de um site ou de outro documento tirando a formatação original:

PC: Control + Shift + V	Pense em um piloto de avião, no volante, e um gigante, no banco do passageiro, dentro de uma van branca e sem textos na lataria.
Mac: Shift + Command + V	Agora pense que o gigante está ao volante e o piloto no carona e a van tem textos sem graça nas laterais.

O processo é simples e requer apenas algumas imagens mentais básicas para fazê-lo funcionar. Isso faz a ação de recordar grandes quantidades de atalhos muito mais rápido.

DICA | "COMO VOU ME LEMBRAR DISSO"?

Quando você estiver diante de alguma informação que quer lembrar, pergunte-se: "Como vou me lembrar disso?". Parar para fazer a pergunta traz sua atenção para o momento. Também ajuda você a pensar qual sistema, método ou técnica usaria e a melhorar a memória instantaneamente.

[53] Memorizar rapidamente muitas informações novas

COMEÇAR UM NOVO trabalho pode ser excitante, estressante e, é claro, um desafio para a memória. Há novos nomes a serem lembrados, procedimentos a seguir e, muitas vezes, inúmeras novas informações para assimilar. As técnicas de memória ajudam a encurtar o tempo entre não ter ideia de nada e saber de tudo nos mínimos detalhes. Tenha em mente a premissa deste livro: lembrar melhor é possível. Não é um processo místico que apenas super-humanos podem fazer. Não é nem sequer especialmente difícil. Ponha sua mente para trabalhar e use as técnicas descritas. Em pouco tempo, você estará impressionando seus novos colegas de trabalho (e os chefes também).

A TÉCNICA: Selecione a melhor técnica

Você tem as estratégias e as habilidades necessárias para impressionar a todos em seu novo emprego com a rapidez com que assimila informações. Veja sugestões de estratégias para usar com base em algumas tarefas básicas que você pode precisar fazer:

Lembrar de nomes (página 19).

Lembrar detalhes de clientes atuais e potenciais, e de colegas de trabalho (página 147).

Lembrar de livros inteiros (página 72).

Lembrar um conjunto de itens como a Constituição (página 88).

Lembrar discursos e apresentações (página 133).

Reveja também o truque #2 "Uma memória melhor todas as manhãs" na página 14 e a dica "Revise enquanto escova os dentes" na página 37 para se preparar para as primeiras semanas no emprego novo.

COMO FAZER

ESTRATÉGIA 1

1 **Auxilie sua mente e deixe a capacidade natural da memória aflorar e mostrar seu verdadeiro brilho. Use técnicas de memória para lembrar mais do que sua mente normalmente seria capaz de administrar.**

2 **Comece trabalhando a favor de sua mente ao invés de contra ela. Isso inclui se ocupar primeiro dos trabalhos mais "elementares", como dormir o suficiente, comer bem e exercitar-se. Ainda mais importante é gerenciar o estresse e a concentração. Revise as seções do livro que discutem essas questões, especialmente o truque #30 "Preparar a mente para os testes" na página 74, que trata da necessidade de relaxar diante de uma situação difícil. Começar um novo trabalho é estressante, e cada dia pode parecer um verdadeiro teste!**

ESTRATÉGIA 2

Parece haver sempre uma pessoa cujo nome é difícil de lembrar, um procedimento específico que não faz sentido ou que nossa cabeça não retém, ou detalhes que temos dificuldade de acertar. Quando isso acontece, lembre-se de conduzir seu caminho para o sucesso com a técnica CAR (ver página 81):

1 **Converta em uma imagem bizarra — enorme, colorida, viva — qualquer coisa que você tenha dificuldade de lembrar.**

2 **Associe com outra (conecte a pergunta e a resposta ou o nome e o rosto) ou a um Palácio da Memória (ver página 86). Você pode usar esse artifício para auxiliá-lo a curto prazo ou até para criar palácios maiores para armazenar a longo prazo as informações relacionadas ao trabalho (seu novo escritório ou prédio, por exemplo, seriam ótimos lugares para armazenar imagens criativas que tenham a ver com seu dia a dia profissional).**

3 **Reveja as imagens e as associações resultantes, acrescentando detalhes. Além disso, revise mentalmente as imagens para informações importantes duas ou três vezes por dia no início até que sejam solidamente armazenadas em sua memória de longo prazo. Sugiro que você revise na hora das refeições e quando escovar seus dentes a cada manhã e noite.**

[54] Melhorar o vocabulário para ter sucesso nos negócios

O VOCABULÁRIO DIZ muito sobre nós. Ter a palavra certa, na hora certa e usá-la corretamente impressiona os outros e facilita a comunicação. Utilizar a palavra errada ou pronunciá-la incorretamente, porém, pode ser embaraçoso. Uma vez usei a palavra "epítome", mas a pronunciei: "e-pi-tô-me". Ainda me lembro da expressão da pessoa — ela pensou que eu era um idiota! Este truque de memória é uma forma excelente de expandir com confiança o vocabulário para que você se destaque em qualquer ambiente de negócios (de maneira positiva!).

A TÉCNICA: O Método CAR + Vocabulário

Aprender palavras novas e ampliar o vocabulário é o mesmo que aprender palavras de outras línguas, só que mais fácil. Você usará o Método CAR novamente: converta a palavra e a definição em imagens, associandoas de forma criativa e, em seguida, repita a associação com detalhes adicionais para fazê-la mais inesquecível.

Minha recomendação é utilizar aquele tipo de calendário que tem uma palavra nova para descobrir a cada dia. Se você não conseguir um desses, procure listas on-line de palavras que todo adulto deve saber. Escolha uma (ou mais) todos os dias e use o Método CAR (ver página 81) para começar a impressionar as pessoas em pouco tempo.

COMO FAZER

1. Converta a palavra (concentrando-se na pronúncia, se necessário) e o significado dela em imagens.
2. Associe as figuras umas às outras.
3. Repita, acrescentando detalhes.

Veja um exemplo:

Nato: algo que se tem desde o nascimento.

Pronúncia: na-to.

Ela tem um talento nato para o desenho.

1. Converta: Na-to = na + to: a figura poderia juntar "na" e "tomada". Converta a definição: muitas vezes é um talento como o desenho ou habilidade musical ou mesmo o de se meter em problemas.
2. Um jovem artista talentoso desenhando alguém enfiando o dedo na tomada de energia.
3. Repita, acrescentando detalhes.

Conspícuo: Algo facilmente percebido ou visível; notável, ilustre.
Pronúncia: cons-pí-cuo
O homem se tornou, com o tempo e suas boas ações, um conspícuo membro da sociedade.

Observar a pronúncia e a definição das palavras deve despertar a sua criatividade. Quando isso acontece, as imagens se juntam rapidamente sem que você precise cumprir cada passo.

1-2 **Converta e associe à medida que avança: cons-pí-cuo se transforma em "construção", "símbolo do Pi", "curioso", o que, em seguida, vira: a construção recente de uma estátua no formato de Pi deixa a população de uma cidade curiosa. A estátua no meio da cidade se torna uma atração conspícua.**

3 **Repita com mais detalhes: A estátua de Pi se transforma em um sucesso instantâneo, atrai a curiosidade da cidade e deixa o povo feliz. Atualmente, ela é um ponto turístico conspícuo e muito visitado.**

O processo é agradável e beneficia sua carreira. Para facilitar ainda mais, faça com um amigo ou grupo. É hilário descobrir como outras pessoas fazem para converter palavras e significados em imagens.

[55] Lembrar discursos e apresentações

UMA DAS AÇÕES MAIS assustadoras e estressantes que existem é falar em público. Tanta coisa pode dar errado e, muitas vezes, dá errado de fato. Já vi pessoas deixarem cair suas anotações cuidadosamente escritas e ordenadas, outras esquecerem os óculos e não conseguirem ler o que tinham preparado e até algumas que praticaram a tal ponto que sentiram seguras o bastante para não usar os lembretes, mas acabaram esquecendo todo o conteúdo.

Com sua memória natural, e o suporte de algumas técnicas simples, você não precisará de notas nem passará pela temível situação de "dar um branco". Imagine ser capaz de falar com confiança — de cor. As pessoas ficarão impressionadas e pensarão estar diante de um gênio.

A TÉCNICA: Um Palácio da Memória para seu discurso

A esta altura você já tem muita experiência na conversão de palavras e ideias em imagens mentais criativas. Para se lembrar dos discursos, converta os pontos principais em imagens. Você poderia associá-los uns aos outros com o Método em Cadeia (ver página 88), mas há um método melhor para discursos: o Palácio da Memória (ver página 86).

Se esquecer um elo com o Método em Cadeia, o resto do discurso poderia ser perdido. Usar o Palácio da Memória possibilita que, mesmo se pular alguma coisa, você conseguirá completar o resto do discurso. Como falar em público é bem estressante para muitas pessoas, é melhor aprender e praticar este método. A longo prazo é mais seguro.

COMO FAZER

1 Para começar, você criará um Palácio da Memória com o suficiente de cômodos para guardar todos os pontos principais do discurso. Isso não tem de ser difícil. Um Palácio da Memória é apenas uma série ordenada de locais que você pode facilmente imaginar. Use um pedaço de papel para criá-lo, pois você pode precisar se referir a ele algumas vezes mais tarde enquanto pratica.

2 Imagine sua casa. Você entra pela porta da sala? Então essa é a localização 1. Escreva "1" e o lugar como "porta da frente". Qual é o próximo cômodo ou área mais importante? Esse é o local 2. Escreva-o.

3 Continue o processo pela casa. Eu prefiro me mover no sentido horário, então se você precisar escolher entre o banheiro à esquerda e a cozinha à direita, considere o banheiro como o item 3, e depois inclua a cozinha. No entanto, trata-se da sua mente e do seu Palácio da Memória. Anote as áreas na ordem que faz mais sentido para você. Utilize recintos maiores, como as salas, com o objetivo de incluir de dez a vinte itens. Algumas salas grandes poderiam ter duas áreas, como a área da sala de jantar; e a cozinha pode ter o espaço para o café da manhã ou uma mesa na parede oposta.

4 Termine de anotar em um papel seu Palácio da Memória; depois feche os olhos e caminhe mentalmente por ele. Você vislumbra com naturalidade o caminho com os lugares demarcados? Se não, conserte-o e, então, revise-o mentalmente mais uma vez. O caminho pela sequência dos cômodos enumerados ficou fácil de lembrar e cada espaço é óbvio para você? Continue revendo e consertando conforme necessário até que seu passeio mental visualize os mesmos espaços na mesma ordem todas as vezes.

5 Converta os pontos principais do discurso em imagens mentais ou pistas, da mesma forma que resumiria cada um deles nas suas anotações.

6 Associe cada pista mental a um local em seu Palácio da Memória, na ordem. Converta detalhes específicos, como dados de vendas ou outros números, usando um dos sistemas numéricos deste livro. Dê detalhes de suas próprias localizações para que você tenha certeza de se lembrar delas.

7 Passeie mentalmente por seu Palácio da Memória, adicionando detalhes para as imagens mentais com CATT (Cor, Ação, Tamanho e Textura). Para efeito mnemônico, elas devem ser exageradas.

8 Pratique de pé a fala em voz alta, caminhando mentalmente por cada local e vendo as imagens de seus pontos principais. Se um ou dois tópicos não forem lembrados instantaneamente, ajusteos, repetindo o passo 5. Quão bizarra é a imagem que você conseguiu elaborar? Quanto mais estranha e original, melhor.

9 Continue praticando em voz alta, de pé, e sem as anotações. Faça sua mente lembrar das imagens singulares de cada localização. Confiar em sua memória durante a prática o ajudará tremendamente mais tarde.

Esse método pode ser bem diferente daquilo que você está acostumado, mas eu o encorajo a tentar. Essa pequena curva de aprendizagem vale o esforço, já que conseguir discursar ou fazer uma apresentação sem nenhum tipo de auxílio é algo muito poderoso. As pessoas ficam muito impressionadas com aqueles que conseguem fazer isso. Depois de praticar esse método, você verá como ele é realmente fácil.

[56] Lembrar senhas únicas para segurança on-line

VOCÊ DEVE TER uma senha diferente e completamente única para cada login. Ponto. Os especialistas em segurança cibernética também recomendam que cada uma deve ter pelo menos 12 caracteres. Dezesseis é melhor. Como você pode se lembrar de tantas senhas longas? "O navegador lembra e as preenche para mim". Mas o que acontece se seu computador quebrar, ou for roubado, ou se for preciso fazer o login em um outro aparelho que não seja seu? Problema! Muitas pessoas usam algum software de gerenciamento de senhas, mas vários deles têm apresentado grandes falhas de segurança.

Existem muitos motivos para usar o melhor gerenciador de senhas de todos: a sua memória. Este truque simplifica a segurança dessa escolha.

A TÉCNICA: Imaginando a âncora

Escrevi um livro inteiro sobre como criar seu próprio sistema para lembrar senhas (*The Hack-Proof Password System*, "Sistema de senhas à prova de hackers", em tradução livre), mas esta seção sintetiza várias das principais estratégias. No entanto, se a cibersegurança é essencial em sua carreira, local de trabalho ou ramo de atividade, eu o incentivo a ler o livro inteiro.

O maior problema com o esquecimento de senhas é que as pessoas se esquecem de ancorar o site de login à senha. Você deve lembrar que uma de suas senhas é 5V8k22/>19dpb, mas esquece que ela é para o site do cartão de crédito. Para guardar na memória as senhas, comece sempre por transformar criativamente o site em uma imagem a ser usada como âncora.

COMO FAZER

1 **Comece com a âncora. Para visualizar o site, pense no que a empresa ou página lembra a você. Se você tiver de fazer login em Casa de Alimentos para Peixes do Vovô, imagine o logotipo do Avô, seu peixe favorito, ou um aquário. Seja redundante na escolha de uma imagem para sua âncora, não inteligente. Você precisa conseguir lembrar a âncora mesmo que não visite o site por meses a fio.**

2 **Você recebe senhas aleatórias para memorizar, como 8,b[X-Y,B/Q,ekQg? Se for o caso, use um dos sistemas numéricos de memorização, tais como Imagens do Alfabeto (ver página 32), e converta com criatividade vírgulas, travessões e outros caracteres em imagens. Por exemplo, uma vírgula poderia ser um caracol e uma barra pode ser uma lixa de unhas. Em seguida, ligueos, associando-os uns com os outros usando o Método em Cadeia (ver página 88). Repita, acrescentando detalhes.**

3 **Quando você criar sua própria senha, selecione as palavras para as associações, seguindo estas etapas:**

a] Selecione uma imagem do site como sua âncora. Pergunte a você mesmo o que a âncora mais lhe faz lembrar e imagine mentalmente o que vier como resposta.

b] O próximo elo da cadeia é uma palavra que lembra a você a imagem de âncora. Visualize-a e conecte-a à imagem de âncora.

c] Ao que remete essa conexão? Escolha uma palavra e uma imagem como o próximo elo. Conecte-os de forma criativa.

d] Continue até que tenha pelo menos três palavras e 12 letras.

e] Repita o processo, adicionando detalhes às imagens.

f] Assim que entrar no site com sua nova senha, imediatamente desconecte-se e conecte-se novamente. Faça isso três vezes seguidas para que consiga digitar e revisar mentalmente sua nova senha a cada vez.

Veja um exemplo:

Site da Casa de Alimentos para Peixes do Vovô

Âncora: A imagem do seu vovô ou do logotipo do site. O que a palavra "vovô" significa para você? A lembrança que vem à mente é a das orelhas enormes do meu avô, então a primeira palavra para o elo na cadeia poderia ser "orelhudo". Adicione detalhes como você imagina o avô primeiro e, depois, o resto da cadeia.

O que as orelhas enormes me lembram? Fones de ouvido gigantes: "fones de ouvido". Orelhas enormes são fáceis de associar mentalmente com fones de ouvido.

Precisamos de mais algumas letras. Fones de ouvido me lembram da minha banda favorita: Room101. Posso conectar facilmente fones de ouvido com room101.

A senha completa: orelhudofonesdeouvidoroom101. Existem problemas com essa senha? Sim. Seria melhor ter pelo menos uma letra maiúscula e um símbolo. Finalizar com um número é muito comum e facilita que a senha seja hackeada. Veja a dica a seguir para melhorar isso.

DICA | SÍMBOLOS SUBSTITUTOS

Desenvolva seu próprio sistema de senha com regras que incluem letras que você substitui por um símbolo (não @ para "a" ou nenhum outro símbolo que tenha uma associação óbvia com a letra que você substituiu), e letras que você substitui por um número (não use 5 para "s" por terem formas parecidas) e palavras ou letras que você vai sempre usar. Use meu livro *The Hack-Proof Password System* se quiser um guia fácil nesse processo em busca de sua segurança on-line.

[57] Lembrar instruções do chefe

A MAIOR CAUSA de problemas de memória no trabalho é a prática da multitarefa. Tentar fazer muitas coisas ao mesmo tempo resulta invariavelmente em falhas de memória porque não estamos nos concentrando em uma atividade de cada vez. Por isso que muitas vezes é difícil lembrar o que nosso chefe nos disse para fazer. Como escutar com atenção simultaneamente à realização do trabalho? Você precisa dizer à tarefa em que está trabalhando que você RRC ("retornarei rapidamente concentrado") e direcionar a atenção de volta para seu chefe.

A TÉCNICA Respire, Repita, Concentre-se (RRC)
Isto é como o Método CARE para lembrar os detalhes compartilhados pelas pessoas (página 50), mas o modifiquei para o ambiente de trabalho. RRC traz sua atenção ao lugar e ao momento a que ela pertence (seu chefe quando ele fala com você), para que você se concentre, guarde na memória o que ele diz e, depois, volte à sua tarefa anterior. RRC significa:

- Respire.
- Repita.
- Concentre-se.

Vamos ver como isso pode ser usado para você nunca mais esquecer algo importante de que seja informado no trabalho.

COMO FAZER

1 **Quando seu chefe precisar dizer alguma coisa a você, pense em RRC. Inspire e expire uma vez, transferindo seu foco do que estava fazendo para o seu chefe. Se possível, descontinue fisicamente sua atenção naquilo que você estava fazendo, voltando-se para seu chefe. Se ele o chamar ao telefone, olhe para o aparelho em sua mesa.**

2 **Repita uma palavra-chave ou frase que seu chefe disse. Esse é outro truque para trazer seu foco para o que lhe está sendo dito.**

3 **Traga à mente uma imagem do que seu chefe quer ou disse. Imagine-se fazendo ou terminando essa tarefa. Quanto mais detalhes você visualizar, mais nítido será em sua mente o registro do que seu chefe disse.**

Veja um exemplo:

Você está elaborando um relatório quando sua chefe se aproxima de você. "Ei", diz ela, "Eu preciso que você faça alguma coisa para mim". Pense em "RRC", vire-se do computador e olhe para ela.

Inspire e expire, concentrando a atenção na sua chefe. Ouça como ela lhe fala sobre o que precisa ser feito. Repita, "Certo, você precisa do arquivo Penske até o final do dia". Visualize o sr. Penske, o logotipo da empresa, ou converta o nome em uma imagem (um senhor pescando de terno). Lembre-se que uma imagem maluca, estranha ou engraçada é mais fácil de recordar. Repita conforme necessário, com base no que mais sua chefe disse.

Antes de retornar à sua tarefa anterior, faça uma nota mental, revisando a conversa. Para acrescentar um lembrete mental da data ou hora certas, vá até o truque #58 (Domine os prazos e as entregas de tarefas) na página 141.

Completar as etapas da RRC antes de retornar ao seu trabalho anterior ajudará sua mente a manter o controle do que lhe é dito e lembrar-se do que fazer quando você terminar sua tarefa atual.

[58] Domine os prazos e as entregas de tarefas

SE É IMPORTANTE, escreva! Sou um grande fã de destacar datas no calendário e usar notas autocolantes para fazer lembretes sobre projetos essenciais. Será que isso soa estranho partindo de um especialista em aperfeiçoamento de memória? Acredito que esquecer de alguma coisa pode ter enormes repercussões, então, as coisas mais importantes devem ser lembradas e anotadas. Às vezes, no fluxo da vida cotidiana, acabamos esquecendo de algo, mesmo se esforçando para lembrar ou usando técnicas para evitar isso.

Depois de ter marcado no calendário ou feito uma nota adesiva, no entanto, tente se lembrar do que anotou. Faça de sua memória o sistema primário e de seu calendário um sistema de backup.

A TÉCNICA: Visualizar o dia ou a data

Este é um método simples que requer uma pequena preparação prévia — ou depender da sua criatividade no momento. É semelhante à técnica para lembrar os aniversários (ver página 52), mas utiliza uma imagem de âncora diferente: o nome da tarefa, a pessoa, o cliente ou departamento para o qual essa atividade é destinada.

A ideia é usar o Sistema de Memorização do Mês (ver página 35) ou o Sistema Dias Úteis (ver página 108) para acompanhar o prazo. A adição da data é simples se você usar um dos esquemas baseados em números. Conectar o dia com a imagem da tarefa e adicionar detalhes criativos vai manter a data em sua mente, especialmente à medida que o prazo vai se aproximando.

COMO FAZER

1. **Crie uma imagem da tarefa convertendo o nome do cliente ou do projeto em uma imagem.**
2. **Use um dos sistemas do livro (ou sua criatividade) para imaginar o mês, a data ou dia do prazo.**
3. **Conecte a imagem da atividade e a imagem de prazo. Como sempre, de modo criativo e singular.**

4 Revise e acrescente detalhes.

5 Sempre que trabalhar na tarefa, pense no prazo e visualize a imagem ou a história bizarra.

Veja dois exemplos:

O arquivo Oliveira deve ser entregue no dia 23 de março.

1 Ideias de imagem para Oliveira: oliva = árvore da azeitona/azeite. Imagine um bosque de 23 oliveiras perfumadas, em que todas as azeitonas têm uma cópia do arquivo Oliveira.

2 Março = sempre as águas de março. Chuva. Fim do verão.

3 Imagine as 23 oliveiras correndo da chuva para evitar que o arquivo Oliveira se molhe.

Seu relatório deve ser entregue em 11 de fevereiro, mas há outros prazos antes disso.

3 de janeiro	Entrega da parte 1
16 de janeiro	Entrega da parte 2
28 de janeiro	Entrega da parte 3
11 de fevereiro	Prazo final da entrega do documento

1 Imagine o relatório consolidado. Faça uma página de rosto com letras em relevo douradas, uma bela encadernação e papel grosso e caro. Ou, ao contrário, imagine-o terrivelmente feio, com estampa xadrez, tie dye, ou verde fluorescente.

2 Janeiro = Ano Novo como um bebê. 3 = triciclo.

3 Imagine o Ano Novo Bebê pedalando um triciclo sobre seu relatório, o que não é difícil porque ele tem poucas páginas com apenas a primeira parte feita.

4 Repita para a parte 2: 16 = a idade da maioridade eleitoral. Veja o Ano Novo Bebê agora indo votar lendo o seu relatório. Se você precisar de mais detalhes para a "parte 2", pense em um patinho lendo a parte "2" do seu relatório.

5 Repita para a parte 3: 28 = pato (2) e um polvo (8). Um polvo e um pato brigam para ler o relatório que tem uma imagem de um triciclo na capa para representar o número 3.

Use essa técnica para manter a mente afiada e impressionar as pessoas no escritório. Em vez de consultar o prazo para cada projeto, você o saberá de cor. Não posso deixar de enfatizar o quanto as pessoas ficam impressionadas com a capacidade de lembrar detalhes como esses.

[59] O próximo nível: Lembrar de mais nomes para os negócios

SE SUA SOBREVIVÊNCIA depende de quão bem você sabe o nome dos clientes e dos colegas de trabalho, é hora de melhorar seu jogo e memorizar nomes. A técnica "Faça uma pergunta", detalhada na página 19 da parte 1, é um excelente primeiro passo, mas pode não ser suficiente. Há outros dois que vão levar sua memória para nomes ao próximo nível.

A TÉCNICA: Métodos Características Faciais e Melhores Amigos
O Método Características Faciais se ampara na capacidade de identificar e lembrar bem as características dos rostos das pessoas. Isso sempre foi difícil para mim, pois tenho uma forma leve de deficiência em reconhecer rostos (prosopagnosia). No entanto, se você é alguém que "nunca esquece uma fisionomia", essa técnica pode funcionar bem para você. O Método do Melhor Amigo é mais fácil no meu caso porque começa com o nome e depois se conecta ao rosto. Isso frequentemente funciona bem para pessoas introvertidas ou pessoas mais verbais.

Ambos os truques tornam os nomes memoráveis ao associá-los a algo que você já conhece. Experimente-os e escolha aquele que funciona melhor no seu caso. Vale a pena também praticar as duas técnicas e usar qualquer uma delas que mais o ajude quando você conhecer alguém.

COMO FAZER

MÉTODO CARACTERÍSTICAS FACIAIS

Esta técnica funciona bem quando o rosto de alguém tem algum aspecto notável.

1 Identifique uma característica facial óbvia que se destaque: olhos surpreendentemente bonitos, um nariz único, maçãs do rosto salientes, grandes covinhas etc.

2 Use a técnica "Faça uma pergunta" (página 19) para ouvir o nome da pessoa e fixá-lo em sua memória de curto prazo.

3 Converta o nome para uma imagem com o Método CAR para o aprendizado de línguas estrangeiras (ver página 81).

4 Associe a imagem com a característica facial única da pessoa.

5 Revise a feição, o nome dela e a conexão criativa depois que terminar de falar com a pessoa e novamente mais tarde, ainda naquele dia, quando for escovar os dentes.

6 Repita a revisão na manhã seguinte e mais uma vez à noite.

Veja um exemplo:

> ***Você encontra um homem com um nariz notavelmente longo chamado Toninho. Você identifica o nariz, comenta o nome do homem ("É diminutivo de Antônio?") e converte o nome em uma imagem de um tonel. Imagine um tonel com um nariz enorme.***

TÉCNICA MELHOR AMIGO

Esta técnica funciona bem para a maioria das pessoas.

1 Aprenda o nome de alguém. Use a técnica "Faça uma pergunta" (ver página 19).

2 Ao comentar o nome, pense em outra pessoa famosa ou um amigo seu que também se chame assim.

3 Compare mentalmente a pessoa que você conheceu com quem você escolheu no passo 2. Quais características são similares e quais são diferentes entre quem você acaba de conhecer e a escolhida no passo 2? As duas pessoas são completamente opostas? Estude a pessoa em busca de alguma semelhança.

4 Revise as interações interessantes naquela noite, na manhã seguinte e novamente conforme a necessidade.

Veja um exemplo:

> ***Você conhece um homem chamado Rafa ("Apelido para Rafael?"). Ele tem de cerca de 1,80 m de altura, cabelos escuros encaracolados e um tipo físico como o de um atleta. Você o compara com o jogador de tênis Rafael Nadal.***
>
> ***Enquanto vocês conversam, observe as diferenças e semelhanças entre o Rafa e o Nadal. Imagine o Rafa jogando tênis em um grande torneio internacional. Acrescente detalhes exagerados, como vimos ao longo deste livro.***
>
> ***Para usar essa técnica com o Toninho, a pessoa do primeiro exemplo, eu o imaginaria interagindo com o Tony Soprano, Tony Stark, Tony Ramos — ou os três!***

Independentemente da técnica utilizada, as três chaves para maximizar sua memória para nomes são: 1) se você não entendeu o nome da pessoa, desculpe-se e peça imediatamente que ela o repita (é muito melhor admitir que não entendeu do que ter de perguntar novamente dias depois); 2) revise frequentemente os nomes das pessoas que tenha conhecido; e 3) decida que os nomes das pessoas importam para você. Isso diz à sua mente para prestar atenção, o que o ajudará muito.

[60] Lembrar de nomes para fazer networking

EM NEGÓCIOS, ESPECIALMENTE no setor de vendas, frequentemente encontramos pessoas em feiras, exposições ou outros eventos para contatos de trabalho. Saber o nome das pessoas é uma ferramenta essencial no trabalho e nas vendas, mas a habilidade de apresentar as pessoas umas às outras é o que realmente impressiona. As pessoas não só apreciam ouvir o próprio nome e ver que se lembram delas, como também adoram ser apresentadas a novos contatos. Você será reconhecido como um especialista em networking e valorizado por suas habilidades de memorização de altíssimo nível.

A TÉCNICA: Método de Apresentação

Apresentar as pessoas aos outros requer que você se lembre do nome delas em primeiro lugar. Use os métodos "Característica Facial" ou "Melhores Amigos" (ver página 143) para iniciar o processo. Após conhecer alguém, apresente-o o mais rápido possível a outra pessoa. Enquanto você faz isso, não deixe de utilizar a técnica "Faça uma pergunta" (ver página 19). Mencione o que você aprendeu — o nome dele é Antônio, mas ele prefere ser chamado de Toninho. Se aplicável, você também pode acrescentar, "Este é o Rafa, de Rafael, não tão atlético quanto o tenista Rafael Nadal!".

Quando começar a praticar essa técnica, sua memória para nomes o surpreenderá. Sua mente reconhecerá que aquela informação será invocada imediatamente, e assim o seu foco melhora.

COMO FAZER

1. Ao apresentar a pessoa, visualize a conexão mental feita quando a conheceu. Repetir o nome dela transmite à sua mente que essa informação é especialmente importante, e a revisão da imagem bizarra ajuda ainda mais.
2. Tente conhecer apenas uma pessoa a cada cinco, dez ou 15 minutos, dependendo de sua capacidade para assimilar novos nomes, do nível de sua habilidade e do fluxo natural do evento. Desculpe-se dizendo que vai ao buffet, pegar algo para beber ou verificar as notificações no seu telefone. Em seguida, revise mentalmente os rostos e os nomes das pessoas que acabou de conhecer. Se possível, localize-as no recinto e associe novamente o rosto delas com a imagem mental atribuída ao nome de cada uma. Um minuto a mais para essa revisão acrescentará muito à sua capacidade de lembrar no futuro.
3. Combine essa técnica com o próximo método, o de lembrar detalhes das pessoas e, depois, compartilhe um detalhe ou dois quando você as apresentar a alguém. É um ótimo início de conversa e solidificará o nome e os detalhes em sua mente. Você vai cultivar a valiosa reputação de alguém que "conhece todo mundo"!

[61] Lembrar detalhes de clientes atuais e em potencial, e de colegas de trabalho

CONSTRUIR CONEXÕES e suscitar confiança é tremendamente importante na vida e nos negócios. Mas como fazer isso se frequentemente esquecemos informações úteis sobre as pessoas? Um vendedor com quem trabalhei muitas vezes perdia vendas por causa de sua memória. Um potencial cliente lhe disse: "Eu não estou de jeito nenhum interessado em XYZ porque...", mas dez minutos depois, meu colega começava novamente a explicar os benefícios de XYZ. A expressão no rosto do potencial cliente era de confusão mental, passando por desapontamento e perda de confiança no vendedor. Ele provavelmente pensou: "Como posso confiar nesse cara para me ajudar a encontrar o produto certo se ele claramente não me ouve?".

Melhorar suas habilidades de escuta e memória resultará em novas conexões, no refinamento de seu carisma e em mais negócios.

A TÉCNICA: CARE e depois compartilhe

A técnica é uma modificação do Método CARE ("importar-se", em tradução livre) que você aprendeu na página 50. Essa é uma maneira simples de lembrar detalhes sobre a vida e as preferências de seus colegas de trabalho, clientes ou potenciais clientes. Aqui, acrescentamos um "C" ao Método CARE:

- Comprometa-se.
- Preste Atenção.
- Repita.
- Enxergue o outro.
- Compartilhe.

O compartilhamento funciona especialmente bem nos negócios e nas vendas.

COMO FAZER

1 COMPROMETA-SE. Muitas pessoas são capazes de se comprometer a ser um melhor ouvinte no ambiente de trabalho do que em casa com a família. Mesmo assim, não deixe de se comprometer a escutar com intenção. Vá para uma reunião com o objetivo de ouvir o que o interlocutor disser e a maneira que fala.

2 PRESTE ATENÇÃO. É importante ouvir com toda a atenção sem pensar ou planejar o que dirá a seguir. Observe o rosto e a linguagem corporal do interlocutor. Mantenha-se concentrado, observando atitudes, expressões e o estado de humor dele.

3 REPITA. Ouça os principais detalhes que o interlocutor mencionar, tais como gostos e aversões, nome de pessoas importantes na vida dele, hobbies e interesses. Os detalhes variam de acordo com o tipo de conversa estabelecido, mas, se você estiver ouvindo, identificará os detalhes certos quando os ouvir. Repita uma palavra-chave ou frase, conforme o caso. "Ah, você odeia a cor azul..."

4 ENXERGUE. Traduza a palavra-chave ou frase em uma imagem e visualize o interlocutor interagindo com ela. Por exemplo, imagine-o esmagando com um martelo o produto que você ia sugerir porque o interlocutor já antecipou que teve um parecido do qual não gostava; ou pense nele passeando com o golden retriever da família; veja seu interlocutor brincando com os três filhos.

5 COMPARTILHE. Compartilhe brevemente um detalhe que se relaciona a seu interlocutor e ao objetivo que trouxe você para essa conversa com uma pergunta. "Adoro cachorros e tenho alguns. Qual é a idade do seu?" ou "Azul é nossa cor mais solicitada, mas temos esse produto em diversas cores. Qual você prefere?".

6 VOLTE AO PRIMEIRO PASSO E REPITA O PROCESSO. Haverá uma pausa natural em que será a sua vez de falar sobre si mesmo, os negócios ou seus produtos. Até lá, comprometase a ouvir e conhecer melhor seu cliente potencial ou atual, ou colega de trabalho.

7 APÓS A CONVERSA, REVISE OS DETALHES-CHAVE USANDO O MÁXIMO DE CRIATIVIDADE POSSÍVEL. Tente imaginar o cachorro ou os filhos do seu interlocutor. Essa revisão diz à sua mente que os detalhes são importantes; visualizá-los é a maneira de ajudar sua mente a se lembrar melhor.

8 DA PRÓXIMA VEZ QUE O ENCONTRAR, VOCÊ SE LEMBRARÁ NATURALMENTE DA CONVERSA QUE TIVERAM E OS DETALHES SURGIRÃO NA SUA MENTE. Você pode iniciar a conversa com uma pergunta como: "E então, como está seu cachorro?" ou "Da última vez que nos falamos, acho que você mencionou que tinha três filhos, certo? Como eles são?". Ele apreciará saber que você se importa e ficará impressionado com sua memória e capacidade de escuta.

[62] Lembrar o almoço ou o café que seu colega pediu

"EI, ME TRAGA UM CAFÉ no caminho de volta, pode ser?". Para lembrar desse tipo de pedido de seu colega de trabalho é necessário anotar a informação? Se utilizar sua imaginação, você impressionará a todos por se lembrar, de cabeça, desse pedido ou do marmitex que seu colega pediu que trouxesse quando você voltasse do almoço. Se você aprender e usar este método, as pessoas pensarão que você é um gênio!

A TÉCNICA: Método Gênio

Mais uma vez, lembrar o difícil se torna fácil se você usar o poder da imaginação e da associação. Visualize a pessoa sobre a qual precisa lembrar, exagerando a imagem para torná-la mnemônica e, depois, imagine o pedido que ela lhe fez. Isso significa traduzir em imagem singular qualquer coisa que não seja facilmente lembrada. Em seguida, conecte a pessoa ao pedido. Trata-se do Método Ligar (ver página 76) modificado para alimentos e bebidas, embora possa também ser usado para buscar alguma encomenda, pegar toner para a impressora, ou qualquer outra demanda que você precise resolver.

COMO FAZER

1 **Escolha uma característica da pessoa que lhe pediu o café, comida ou outro item.**

2 **Traduza o pedido dela em outra imagem mental criativa. Não deve ser difícil lembrar do café, por exemplo, mas e quanto aos demais detalhes?**

Acrescente a maior quantidade de pormenores bobos quanto necessário para fixar a visualização em sua mente:

- Imagine em tamanho exagerado: um balde para uma xícara pequena de café, um tonel para um café médio e um caminhão pipa para uma xícara grande.
- Um cappuccino pode ser um frade capuchinho. Um café gelado pode ser imaginado como um enorme bloco de gelo seco marrom.
- Qualquer outro detalhe também pode ser facilmente imaginado (incluindo leite de soja: imagine um bloco de tofu de soja na xícara em vez do leite).

3 Muitas vezes as pessoas dirão: "Um hambúrguer completo, mas sem..." e listarão um ou dois itens. Por exemplo, "Quero um yakissoba completo, mas tire a cebola e o pimentão". E agora? Para excluir algo, você ainda precisa incluí-lo na sua imagem mental (para que não esqueça do que deve ser retirado), mas pense nesses itens sendo destruídos, eliminados, deixados para trás, trancados, ou de outra forma que impeça a adição desses ingredientes ao prato.

Veja um exemplo:

> *Imagine seu gerente tentando defender uma tigela enorme de yakissoba de carne da invasão de pimentões e cebolas. Os brócolis e as cenouras estão ao lado do seu chefe para ajudar na luta. Não esqueça de visualizar esses itens gigantes e com cara de antagonistas de filmes de ação para que a imagem seja memorizável.*

Essa é uma maneira fácil de causar um grande impacto no trabalho. A maioria das pessoas se sente sobrecarregada, no meio de tantas tarefas a cumprir, com esses pedidos dos colegas. O uso dessa técnica exige pouco esforço e impressiona muito. Você tem a chance de decidir: ajude-os, ensinandolhes o segredo, ou guarde a técnica para si e deixe os colegas se conformarem com o fato de que você é brilhante.

[63] Lembrar as preferências dos clientes

VOCÊ TEM uma cafeteria, restaurante ou fornecedor favorito? Provavelmente eles se empenharam em saber suas preferências, e você se sente valorizado quando eles se lembram delas. Podemos fazer o mesmo com nossos clientes usando truques de memória para lembrar o que eles preferem. Quanto mais eles se sentem importantes e especiais, mais negócios você fará.

Não tem de ser assustador. Naturalmente nos lembramos desses importantes detalhes — com o tempo, por meio da decoreba. Alguém que pede um certo item todas as semanas acabará por ficar em nossa lembrança. Mas conscientemente aplicada, esta técnica de memória pode facilitar e acelerar o processo.

A TÉCNICA: Reconhecer e Associar

Este é o Método CAR (ver página 81) com uma modificação. Você tem de lembrar de seu cliente de alguma forma. Reveja o **Próximo nível: lembrar mais nomes para os negócios** na página 142 sobre estratégias para lembrar o que e com quem seu cliente se parece. Em seguida, converta a compra mais frequente dele em uma imagem. Isso deve ser bastante simples, quer se trate de um serviço, quer se trate de um produto, ou mesmo algo intangível como fundos ou ações. Associe o cliente com a imagem e, em seguida, adicione detalhes durante a revisão.

COMO FAZER

1. Converta o cliente em uma imagem. Use o nome dele, veja o rosto, ou imagine o nome ou logotipo da empresa dele.
2. Converta a preferência em uma imagem. Torne-a interessante e exagerada.
3. Associe o cliente e a preferência dele de forma singular.
4. Reveja a associação. Você pode deixar a imagem maior e mais colorida, adicionar mais ação, emoção ou textura? A história ou o filme mental deve ser vivaz e claro.

Veja um exemplo:

> ***Ted não usa muito computadores, mas adora investimentos em tecnologia. Como conselheiro financeiro dele, você lhe fala mensalmente sobre sua carteira de investimentos, e ele está interessado em orientações sobre ações de empresas de tecnologia. Mesmo esse dado sendo fácil de lembrar, por alguma razão você tem dificuldades em mantê-lo em mente. Conduza seu CAR para resolver a situação.***

1 O que Ted lembra a você? Ele é só uma voz ao telefone ou você o conhece pessoalmente? Visualize-o mentalmente.

2 Quando você pensa em investimentos em tecnologia, qual a primeira coisa que lhe vem à cabeça? Você pode resumir o assunto a um ícone, como um computador? Imagine o computador, incluindo cor e forma. Pense em um computador que não seja novo nem comum: imagine um equipamento antiquado, enorme e surpreendente. Não se preocupe, você não concluirá que Ted gosta de investir em coisas ultrapassadas. Imaginar uma máquina superada, feia ou quebrada é frequentemente mais inesquecível do que uma moderna e novinha em folha.

3 Associe Ted à imagem do computador. Seu cliente está fazendo malabarismos com vários computadores, empilhando-os, pulando sobre eles ou fazendo qualquer outra coisa que sua mente criar.

4 Revise, acrescentando detalhes e especialmente mais emoção.

Você pode fazer o mesmo para um pedido de café de um cliente, imaginando o resto dele com variações da bebida equilibradas sobre a cabeça: caffè marocchino a la Italia poderia ser prensado (expresso) com chocolate derretido (imagem de cacau em pó) nos cabelos e um monte de espuma de leite em um redemoinho até as sobrancelhas. Na próxima vez que você encontrar seu cliente, sua mente invocará a imagem criativa, especialmente se você acrescentar mais detalhes.

[64] Reconhecer vozes ao telefone

VOCÊ ATENDE o telefone e escuta uma voz que o cumprimenta citando seu nome e começa a falar sobre um tópico de negócios, enquanto você se esforça para descobrir de quem poderia ser essa voz. O dono dela o conhece, mas você não sabe de quem se trata. Algumas vezes reconhecemos a voz ao telefone, mas não conseguimos lembrar o nome da pessoa ou da empresa. É compreensível e desculpável se isso acontece ocasionalmente. Se acontecer com frequência, torna-se constrangedor. Você pode reconhecer a voz do seu cantor favorito mesmo em uma música inédita, ou a voz de um ator sem ver a imagem na TV? Se assim for, você também pode melhorar sua memória auditiva.

A TÉCNICA: Identificar características vocais

O primeiro passo nesse processo é avaliar se você está tendo problemas para identificar vozes ou se é difícil ligar a voz a um nome e a detalhes da pessoa. Os próximos passos devem capacitá-lo a identificar uma pessoa e criar um identificador mental para a voz dela. Para melhor reconhecer vozes, ajuda focar sua atenção nas diferenças entre as vozes das pessoas. Comece com sua família e colegas de trabalho e adquira o hábito de notar essas características vocais.

- **IDADE.** Qual a idade aproximada da pessoa?
- **NÍVEL.** A pessoa tem voz baixa ou estridente?
- **VELOCIDADE.** A pessoa fala pausadamente?
- **TOM E EMOÇÃO.** Qual é o padrão de voz dessa pessoa, neutro ou emotivo?
- **SINGULARIDADE.** Você ouve uma textura ou qualidade rara?
- **VOCABULÁRIO.** Que tipo de palavras a pessoa usa normalmente?
- **PESO.** A voz soa leve ou formal?

Observe as vozes em suas interações diárias e identifique as características da voz de diferentes pessoas. Sua mente se aprimorará em reconhecer as pessoas com quem você fala e, então, você poderá cumprir o próximo passo para conectá-las aos respectivos dados pessoais.

COMO FAZER

1. Anote os clientes cuja voz você tem problemas para lembrar ou para conectar a um nome. Considere as características da maneira como eles falam listadas anteriormente. Quanto a vozes, desenvolvemos uma imagem mental que não é visual, é mais uma sensação ou sentimento. Nós "conhecemos" uma voz identificando suas características, criando, assim, um "sentimento" mental para ela. Nós a ouvimos mentalmente.
2. Converta o nome do cliente em uma imagem. Use o Método2 Melhor Amigo (ver página 143): pense em uma pessoa famosa ou um amigo com o mesmo nome e visualize-o mentalmente.
3. Associe a imagem ao som da voz do cliente.
4. Pense nos assuntos comerciais do cliente e em qualquer assunto pertinente que você precisa lembrar. (Veja "Lembrar Pedidos e Preferências dos Clientes" na página 151). Converta as informações em imagens mentais.
5. Conecte o nome do cliente a informações de modo criativo. Conecte os detalhes do cliente com a imagem mental e o "sentimento" mental que você tem deles. Você está fazendo uma cadeia de conexões para que sua mente possa seguir.

Quando você reconhece a voz ou ouve o nome e invoca o que ela lembra a você, sua mente seguirá o caminho para os detalhes necessários. A maioria dos resultados vem do esforço para identificar a voz e o nome de seus clientes. As coisas se encaixam rapidamente quando você comunica à sua mente — por meio de seus esforços diários — que essa informação é uma prioridade para você.

[65] Livrar-se da Síndrome "Está na Ponta da Língua"

LEMBRE-SE DE QUE são três os passos essenciais para a memória: 1) foco nas informações; 2) organizálas na sua cabeça; e 3) recuperá-las em sua mente quando precisar delas (FOR). Muitas pessoas sucumbem no último passo. É comum, sobretudo quando envelhecemos, ter problemas de acesso à informação tão rapidamente quanto gostaríamos. Isso frequentemente leva a um momento frustrante, aquele em que entoamos o lamento "Está na ponta da minha língua...."; a lembrança *está bem ali*, mas, por alguma razão, você não pode acessá-la.

A TÉCNICA: Os Métodos de Acesso ao Tópico e ao Alfabeto

Existem vários truques para esse fenômeno. Dormir mais é um ótimo ponto de partida. Uma mente bem descansada fica mais alerta, ágil e funcional. Dormir também é importante para relaxar. Uma mente sob pressão ou estresse tem mais dificuldades para acessar as informações armazenadas do que uma mente relaxada e serena. Se você sofre dessa síndrome, adorará estas duas técnicas úteis:

O MÉTODO DO TÓPICO: Assim que você perceber que está tendo "um branco" sobre algo que você sabe, comece a nomear outros tópicos que você considera similares.

O MÉTODO DE ACESSO AO ALFABETO: Algumas pessoas preferem esse método porque tem mais estrutura. Comece com "A" e liste as coisas que são similares ao que você está tentando lembrar, letra por letra.

COMO FAZER

MÉTODO DO TÓPICO

1 Você percebe que sabe alguma coisa, mas não consegue se lembrar bem dela.

2 Liste tópicos similares em sua mente até chegar à palavra que você está procurando.

Veja um exemplo:

Alguém que você conhece relativamente bem está andando na sua direção, mas o nome dele fugiu de sua mente. Você o conheça e sabe o nome dele, mas sua mente não está fazendo o trabalho dela.

Comece a pensar em nomes em sua mente: Aldo, Augusto, Álvaro,

Armando, Ailton... Você está dizendo à sua mente, "O nome que você está procurando é similar a esses. Que nome é este?". Seu detetive de memória saberá o que procurar e fornecerá a resposta.

MÉTODO DE ACESSO AO ALFABETO

1 Você sabe que sabe alguma coisa, mas não consegue se lembrar bem dela.

2 Liste tópicos similares em sua mente, começando com a letra "A" e continuando pelo alfabeto até você lembrar a informação de que precisa.

Veja um exemplo:

Você não consegue se lembrar do nome do filme ou da série a que você assistiu na semana passada. Comece a nomear os filmes por letra: "Apollo 13. Breaking Bad. Coringa. Dunkirk. Extraordinário...". O processo de forçar sua mente para encontrar outras informações semelhantes, especialmente por uma letra específica, muitas vezes refresca a memória rapidamente.

Experimente os dois métodos e veja qual deles funciona melhor para você. Meus clientes de *coaching*, em geral, frequentemente têm fortes convicções sobre o que preferem; o que funciona melhor para uma pessoa pode não funcionar de forma alguma para outra. Tenha uma postura construtiva: qualquer uma das técnicas é melhor do que você ficar reclamando que não consegue lembrar! As principais formas pelas quais evito essa síndrome são cuidar da minha mente e usar truques de memória para lembrar informações. Quando codificamos informações em diversão, em formas criativas, é muito mais fácil lembrá-las mais tarde. Mas para aqueles momentos em que a mente não parece querer ajudar, uma dessas duas técnicas ajudará.

[66] Lembrar procedimentos de emergência

VOCÊ LEMBRA o seu plano de segurança no local de trabalho? Você conhece as rotas de evacuação mais próximas no caso de uma emergência?

Você lembra onde ficam os extintores de incêndio? Tentar lembrar o que se deve fazer quando se está sob pressão, no momento da pressão, é difícil. Tentar lembrar o que nunca se aprende é impossível.

Esse pode ser um assunto desconfortável a ser considerado, mas é importante. Aplicar um truque de memória, além de prática e revisão, pode fazê-lo sentir-se mais seguro de estar preparado no caso de uma situação de perigo.

A TÉCNICA: Aprenda e Concentre-se

O ponto principal deste truque é: foco! Simplesmente chamar sua atenção a importantes questões de segurança pode colocar sua mente no caminho para lembrar. Usar sua imaginação também é importante para ajudá-lo a sair de uma situação de emergência. Finalmente, revisar o plano por repetições espaçadas e por um sistema de lembrete ajudará a preparar sua mente para algo que todos esperam que nunca aconteça.

COMO FAZER

1 Qual é o plano de evacuação para seu escritório? Se estiver escrito, encontre-o. Se não estiver, escreva o seu.

2 Reveja o plano de evacuação, observando também as saídas mais próximas ou mesmo saídas alternativas que poderiam ser usadas em uma emergência, como janelas ou portas mais distantes.

3 Chegue ao trabalho antes do início do expediente ou reserve um tempo no horário de almoço para percorrer as rotas, inclusive utilizando as saídas alternativas.

4 Revise mentalmente cada caminho de evacuação, visualizando você próprio usando-os com calma, mas rapidamente. Veja-se virando a maçaneta da porta ou empurrando a barra para a porta. Não visualize nenhuma emergência específica nem induza o pânico em suas imagens mentais; simplesmente imagine-se saindo com segurança.

5 Encontre a localização dos extintores de incêndio nas áreas em que você mais frequenta. Visualize as áreas piscando com luzes estroboscópicas vermelhas. Caminhe mentalmente pela área em que você fica contando os extintores de incêndio até que você possa avançar e recuar, listando pelo menos os três mais próximos.

6 Repita o passo 5 com os locais dos alarmes de incêndio. Eles podem (ou não) estar perto dos extintores de incêndio.

7 Procure locais para proteger-se ou esconder-se, um local possivelmente à prova de bala. Caminhe mentalmente até essas áreas e imagine-se escondido. Imagine-se calmo, com autocontrole e quieto.

8 Pense em qualquer colega de trabalho que possa precisar de ajuda no caso de uma emergência. Imagine como você poderia chegar até ele, se necessário, como você poderia sair da área em que ele estaria ou esconder-se perto de lá.

9 Reveja todas as informações nos passos 1 a 8 três vezes no final do dia de trabalho e novamente três vezes no dia seguinte.

10 No primeiro dia de cada mês, revise seus procedimentos de emergência. Lembre-se disso pensando em "segurança primeiro" para o primeiro dia de cada mês.

[67] Impressionar lembrando de preços de produtos e serviços

SEJA COMPRANDO, SEJA VENDENDO, lembrar o custo dos itens pode significar uma grande economia de tempo. Também pode ajudá-lo a destacar-se da linha padrão no trabalho — de uma forma boa ou ruim, dependendo de quão bem ou mal você lembrar. Se você conhece todos os preços no catálogo ou no menu pessoal, isso será notado e as pessoas ficarão impressionadas. A boa notícia é que não é difícil e pode até ser divertido.

A TÉCNICA: Ligar Itens e Números

Para lembrar os preços dos itens, você precisa traduzir os números em imagens e vinculá-los a uma imagem dos itens. Traduzir números em imagens significa que você deve ter uma base sólida com um dos sistemas numéricos apresentados anteriormente no livro.

Recomendo o Sistema Principal (ver página 45) por ser o mais robusto e o melhor para muitos números. "Mas isso dá muito trabalho", dizem as pessoas. O mesmo pode ser dito sobre aprender a dirigir em vez de simplesmente caminhar, mas se quisermos chegar rapidamente a algum lugar, é mais produtivo aprender a dirigir. Se seu desempenho ou eficiência no trabalho depende de saber muitos preços, faz sentido aprender um sistema que o ajudará no resto de sua carreira.

COMO FAZER

1 Aprenda um sistema numérico como o Sistema Principal. No entanto, dependendo do seu ramo de atividade e da quantidade de informações que você precisa memorizar, pode ser suficiente usar o Método DOPH de conversão de números em quantias em dinheiro, objetos, pontuação esportiva ou horário (ver página 30).

2 Converta qualquer produto em uma imagem. Isso pode ser um desafio se o produto for um rolamento de esferas de certo tamanho, um chip de computador, ou um serviço, mas tudo pode ser imaginado com suficiente criatividade. Em um instante, basta atribuir uma imagem ao produto. Por exemplo, se houver cinco variações de um produto e você não consegue pensar em outra maneira de traduzi-las em imagens, escolha itens como uma bola de pingue-pongue, beisebol, tênis, basquete e de futebol. Também designar produtos como vermelho, azul, amarelo e verde lhe permite associar a cor a frutas e legumes.

3 Ligue a imagem dos itens e dos números, criando uma história. Faça-a o mais maluco e interessante que puder.

Veja um exemplo:

> *Seu trabalho na Big Box TV e Computadores requer interação constante com o cliente por meio de muitas perguntas, como "Quanto custa este aqui?". Você precisa se lembrar dos preços dos principais produtos, como o da TV mais vendida:*
>
> *Marca "I" 65 polegadas 4KTV Preço de venda: $519,99 (normalmente $599,99).*

Seu detetive de memória o ajudará a lembrar de muitos dos detalhes — como a forma pela qual sua loja sempre fixa o preço dos itens, que sempre tem os centavos (0,99), e todas as TV que você oferece são 4K – então, de todas elas você precisa memorizar a "Marca I" e o preço, incluindo o preço promocional de venda.

A "Marca I" poderia ser retratada como uma igreja. Imagine "venda" como uma enorme placa vermelha de "Vende-se" na porta da igreja.

Converta 519 em uma imagem. A primeira coisa em que penso é que vou correr 51 quilômetros em 9 minutos e sou notícia na TV por concluir tal façanha. Combine todas as imagens: Corro os 51 quilômetros, cruzando a reta de chegada, que é na frente da igreja que está à venda. Sou premiado com uma TV. Para acrescentar o preço normal de $599, pense no que 599 (ou seiscentos menos um) lembra a você. Ou traduza 599 em uma imagem usando o Método DOPH: O time de basquete de seu filho joga contra uma equipe profissional e perde de 5 a 99; você assiste ao jogo na TV na sala de reuniões no seu trabalho.

Usando o Sistema Simples (página 33), 519 também poderia ser retratado como uma vela (5) presa a um taco de beisebol (1) da qual pinga cera quente em um pé (9) brinca.

4 Selecione de cinco a dez itens por dia e aprenda-os bem antes de passar para o próximo conjunto. Revise seu filme mental diariamente até que você possa ver imediatamente as associações de imagem entre preço e produto. Faça disso um jogo desafiando seus colegas de trabalho para ver quem pode lembrar mais informações ou quem pode criar as imagens mentais mais inesquecíveis.

[68] Lembrar o que está no estoque

"TEM ISSO EM ESTOQUE?"... "Espere, deixe-me verificar". É fácil verificar o inventário, mas não seria mais impressionante e o cliente não se sentiria mais bem atendido se você tivesse a resposta? "Isso é impossível", você diz? Não é! Você pode fazer isso, e é surpreendentemente simples.

Pode não ser prático para todos os setores, mas responder saber se há em estoque três ou dez carros, televisores de 88 polegadas, ou turbinas eólicas imediatamente disponíveis é algo que está a seu alcance e pode surpreender os clientes (e chefes).

A TÉCNICA: O Método CAR com revisão frequente

Este é o Método CAR (ver página 81) com atualizações frequentes. Você imaginará o item do estoque, que deve ser fácil de traduzir em uma imagem. Em seguida, você traduzirá o número de itens em uma imagem usando um dos sistemas numéricos. Associando-os de uma forma criativa e, depois, revisando-os com mais detalhes, você terá feito o necessário.

Quando chegar a hora de lembrar a quantidade do item no estoque, você imaginará o objeto e pensará imediatamente na imagem associada a ele. Isso lhe dará o número de que precisa. E quando esse número mudar? Continue lendo.

COMO FAZER

1. Reveja seu estoque regularmente.
2. Crie uma imagem para o primeiro item do estoque sob o qual você deseja manter controle.
3. Crie uma imagem para a quantidade de itens em estoque. Use o Sistema da Rima (ver página 42) ou o Sistema Simples (ver página 33) se há normalmente menos de nove itens, e o Sistema Principal (ver página 45) ou o Método DOPH (ver página 38) se você costuma ter uma quantidade maior.
4. Associe o item à quantidade. Seja criativo.
5. Revise, acrescentando detalhes. Exagere.
6. Quando a quantidade no estoque mudar, você precisa alterar a imagem relacionada. Antes de conectar o novo número com o item, elimine a história ou o filme mental anterior do item e do número. As maneiras de fazer isso incluem imaginar a imagem numérica danificada ou removida da história: esmagar, apagar, esconder ou outra forma de tirar aquela imagem antiga, ficando claro que houve uma mudança e há uma imagem correta para a quantidade atual.
7. Conecte o item com o novo número.

Veja um exemplo:

Você tem sete carros super-rápidos em estoque. Você pode imaginar o modelo Superfast porque você o adora. A traseira, o capô, os faróis. Zoom. Sete pode ser lembrado por sete vidas — um gato. Torne seu gato inesquecível dando-lhe um pelo verde e rosa. Imagine um carro super-rápido com um gato afiando as garras no capô, arruinando a pintura primorosa. Veja a si mesmo na cena, tentando desesperadamente remover as marcas dos arranhões.

Na segunda-feira à tarde, você vende um carro. Imagine levar o gato para casa, para sua família, apagando, assim, a ideia original de haver sete carros em estoque. Com seis carros restantes, imagine que você está ao mesmo tempo nos seis carros lendo romance "Éramos Seis".

É necessário um passo (fácil) extra para saber que no estoque há dois carros vermelhos, dois pretos e dois amarelos. Aplique suas próprias ideias para memorizar essa nova informação.

[69] Lembrar números de telefone

NÃO PULE ESTE truque! Para telefonar para as pessoas hoje em dia, clicamos na discagem rápida, acionando nosso celular para fazer a chamada, ou discamos o número já programado. Mas há excelentes razões para lembrar os números de telefone em vez de confiar na tecnologia:

É uma maneira fácil de se manter mentalmente em forma e exercitar a memória. Esse é o equivalente mental a usar as escadas em vez do elevador.

Saber o número de telefone de um cliente em potencial ou cliente os impressiona.

É mais eficiente.

Às vezes a tecnologia falha no pior momento possível.

Importante em emergências.

A TÉCNICA: Conectar a pessoa com imagens numéricas

Não me entenda mal, não estou defendendo a memorização de cada número de telefone que você pode usar. Veja alguns deles que é importante saber:

Os números principais e secundários de seu cliente número um. Você vai impressioná-lo perguntando: "Devo chamá-lo no número 9534 ou no 2579?".

Os números dos melhores profissionais de negócios como seu advogado, atendimento médico básico, assistente financeiro e contador.

Os números de profissionais como seu veterinário, da escola dos filhos, do pediatra e do dentista.

Os números de todos os membros da família, além do número do vizinho mais chegado que pode ajudar em uma emergência.

Também são importantes os contatos não emergenciais da polícia local, controle de zoonoses, bombeiros, templo religioso e da babá, se você tiver filhos.

Não se preocupe — você já teve experiência com números em outras partes deste livro, portanto, isso deve ser fácil. Tenha em mente que, outrora, as pessoas memorizavam números de telefone rotineiramente!

COMO FAZER

1 **Escolha um número essencial de telefone.**

2 **Pense na pessoa como a imagem que você escolheu como âncora.**

3 **Se necessário, traduza o código de área de dois dígitos em uma imagem. Se você souber o código de área, será suficiente para lembrá-lo ao traduzir 55, por exemplo, em dois anzóls (para 5, que se parece com um anzol, veja o Sistema Simples na página 33). Se o código de área não lhe é familiar, mesmo com um lembrete, converta cada dígito em uma imagem usando um dos sistemas numéricos. Imagine a imagem de âncora (a pessoa) e crie uma história usando cada dígito. Por exemplo, para o número do seu advogado no código de área 55, imagine seu advogado (âncora) em um pesqueiro manejando dois anzóis, que se enroscam no terno dele; sim seu advogado foi ao pesqueiro de terno.**

4 **Continue a história usando o Método em Cadeia (ver página 88) para conectar um elo ao próximo.**

5 **Revise e acrescente detalhes.**

6 **Use o teclado de seu telefone para fingir que discou o número de memória**

como você se lembra das conexões exageradas que criou. Isso coloca sua memória para funcionar e acrescenta uma dimensão para ela, o que a ajuda.

7 **Revise as imagens do número de telefone à noite e novamente no dia seguinte pela manhã, enquanto escova os dentes.**

Veja um exemplo:

Aqui está o número de telefone para a Casa Branca (por favor não os incomode desnecessariamente!): (202) 456-1111.

Para sua âncora, imagine o atual presidente, seu presidente favorito, ou a Casa Branca em si. Usarei o Presidente e usarei o Sistema da Rima (página 42) como o sistema numérico.

Imagine o presidente na Sala Oval comendo dois pratos de baião de dois (2) e lendo a "Odisseia" de Homero (0).

Em seguida, conecte a cena ao MPB4 (4). Imagine o presidente cantando uma música do MPB4, quando aparece um ornitorrinco (5) para cantar com ele. O ornitorrinco traz consigo um exemplar do romance "Éramos Seis" (6) e fotos de Cancun (1), que ele mostra ao Presidente. Enquanto o Presidente as vê, o ornitorrinco admira os objetos do recinto: a famosa escrivaninha, as pinturas, o sofá, as cortinas.

Adicione detalhes, depois finja ligar para a Casa Branca no teclado do seu telefone para solidificar o filme em sua mente.

[70] Lembrar o trabalho que você realizou e o que falta

UMA EQUIPE EXTERNA é essencial para o sucesso nos negócios. Administrar uma equipe exige muitas habilidades, entre elas a de acompanhar quem está fazendo qual trabalho e os prazos associados a ele. Lembrar seu próprio trabalho mais o dos outros é uma tensão adicional para sua mente. Os truques de memória podem facilitar o processo e diminuir a tensão inerente a ele.

A TÉCNICA: O Método Mega

Há dois métodos pequenos, mas poderosos, que utilizo com frequência separadamente. Quando são combinados, eles criam o Método Mega. O primeiro é o método Mapeamento Mental (ver página 73). Ele permite uma referência visual do que é atribuído a cada pessoa ou equipe. Uma versão do Método em Cadeia (ver página 88) é a segunda maneira de lembrar o que foi designado, a quem foi designado e os prazos associados.

Começar com o Mapeamento Mental costuma ser suficiente para visualizar e lembrar os detalhes. Quando há vários prazos ou outras informações, acrescento o Método em Cadeia. Quando combinados no Método Mega, facilitam lembrar o que cada pessoa ou equipe está fazendo.

COMO FAZER

MAPEAMENTO DA MENTE

1 Use um pedaço de papel (não um computador) para mapear cada responsabilidade dos membros da equipe. Comece com o nome de um deles no centro da página.

2 Escreva a maior ou a mais importante tarefa, em letras grandes, usando tinta vermelha com um círculo grosso ao seu redor. Adicione linhas ramificando com detalhes os prazos, os recursos e quaisquer outros detalhes importantes usando canetas de cores diferentes. Envolva cada informação com formas diferentes.

3 Continue com outras tarefas usando escrita de tamanhos e cores diferentes e linhas mais finas.

4 Veja a obra-prima que você criou (não se preocupe se ela for bonita ou feia; em um ou outro caso será marcante, e é isso o que importa) e depois feche os olhos. Teste-se para lembrar o layout, as cores, as linhas e as formas. Repita até que você tenha uma imagem mental dos detalhes importantes.

5 Se a situação for complexa, continue com o Método em Cadeia para lembrar de tudo.

MÉTODO EM CADEIA

1 Comece com a imagem da pessoa como sua âncora.

2 Converta o primeiro item a ser lembrado (como o nome do projeto ou a primeira tarefa) em uma imagem.

3 Conecte esse detalhe à imagem de âncora da pessoa.

4 Converta outros detalhes (prazos, recursos) em imagens e ligue-as à imagem anterior como elos em uma cadeia.

5 Use uma cadeia para cada tarefa importante.

6 Em seguida, para lembrar as muitas cadeias de atribuições para cada pessoa, converta a própria imagem de âncora em um filme inesquecível.

Veja um exemplo:

> ***Brad tem um livro para escrever, uma apresentação para preparar e um aluno para orientar. Crie uma imagem âncora de Brad fazendo as três coisas para que você possa seguir cada cadeia. Ver Brad freneticamente digitando no laptop dele com uma mão e escrevendo em um projetor tela com a outra enquanto sopra um apito para motivar o estudante que está na frente dele. Dessa forma, você pode rever o que designou para Brad ao imaginar o rosto dele e a imagem de Brad executando todas as três tarefas aparecerá em sua mente.***

7 Siga cada cadeia mental: o laptop tem um descanso de tela do Carnaval (fevereiro), e fica em cima de dois tacos de beisebol (1,1) significando que o prazo final do livro é 11 de fevereiro. O laptop tem outro descanso de tela com a imagem de um pato com um ovo de Páscoa (2 de março) enquanto Brad tenta escrever sobre ela, mostrando que o prazo final para a apresentação é 2 de março.

[71]Avançado: Gerenciamento de Projetos

ESTE É UM truque cerebral avançado que exige algum esforço. Se você estiver envolvido no gerenciamento de projetos e quer se destacar ou impressionar, no entanto, você o achará muito útil. Há muito a ser dito sobre a capacidade de reter uma enorme quantidade de informações na cabeça — como todos os detalhes de um projeto complexo. Tal capacidade dá a você uma compreensão da estrutura, dos problemas potenciais e gargalos e deixa as pessoas absolutamente embasbacadas.

A TÉCNICA: Palácios de Memória por Projeto

Esta técnica exige cerca de dez a vinte minutos de esforço inicial e, em seguida, mais vinte a cinquenta minutos para aderir o projeto à memória. Uma das maiores reclamações de pessoas expostas a truques de memória é: "O truque é mais difícil do que apenas memorizar a informação 'normalmente'!". Se por "normalmente" essas pessoas querem dizer "esquecer facilmente, arranjar desculpas e pedir perdão", eu concordo plenamente. Sim, este truque de memória exige um esforço inicial, mas é fácil. Ele só é diferente. E, para muitas pessoas, o diferente traz desconforto. Mas você está lendo isto por uma razão, portanto experimente.

Se você ainda não leu o truque para gerenciar outros na página 164, por favor, faça isso agora. Você pode usar essa técnica um pouco mais simples para projetos pequenos. Para os maiores ou mais complexos, entretanto, tente este método que apresento agora.

COMO FAZER

1. **Crie um Palácio da Memória (ver página 86) para o projeto com locais suficientes onde encaixar todas as etapas do projeto.**
2. **Identifique os principais marcos ou tarefas do projeto, converta-os em imagens e conecte-os a um recinto do Palácio da Memória.**
3. **Adicione detalhes importantes para cada marco ou tarefa, usando o Método em Cadeia (ver página 88) para cada local. Isso é ótimo para lembrar nomes ou prazos.**
4. **Visualize todo o projeto caminhando mentalmente pelo Palácio da Memória. "Elimine" itens concluídos, apagando as imagens. Por exemplo, mentalmente joguei tinta em toda uma localização e nos seus detalhes, cobri algumas com lama ou removi as coisas já finalizadas para que fique claro que os itens a que se referiam não são mais necessários.**

Conhecer o projeto é algo que dá confiança. Poder ter acesso a qualquer informação a qualquer momento é uma enorme vantagem, quer você esteja se deslocando, quer esteja escovando os dentes pela manhã, quer esteja almoçando comum cliente. Confiar cada vez mais em sua memória ajuda de muitas maneiras — e impressiona muito as pessoas! Você merece o resultado do esforço.

[72] Avançado: Lembrar sua agenda inteira

IMAGINE TER SUA AGENDA INTEIRA na cabeça. Pense em como você se destacaria da multidão. Para poder agendar compromissos, reuniões, consultas de vendas ou qualquer outra tarefa sem precisar verificar um telefone ou anotações faz parecer que você tem superpoderes. Essa é uma façanha e tanto, mas com este sistema ela estará dentro de sua capacidade. Muitas pessoas também usam a versão "leve" para lembrar as reuniões mais importantes.

A TÉCNICA: **Pessoa, Ação, Objeto**

Para que seja possível lembrar a sua agenda inteira, você precisa ter um sistema que conheça de cor. Cada mês terá uma imagem singular — memorável, preferencialmente, uma pessoa — e cada data terá uma imagem, de preferência uma ação ou objeto. Você imagina o mês, depois a data e conecta essa história com a imagem da atividade para aquele espaço de tempo. Está criado um filme em sua mente: este personagem faz esta ação (ou usa este objeto) em conjunto com esta atividade ou pessoa. Na prática, é muito fácil e efetivo — desde que você memorize seu sistema.

Quando todos acessam a agenda em dispositivos inteligentes, muitas pessoas questionam a necessidade de tal esforço de memorização. Mas mesmo que você não confie plenamente em sua memória, fazer a tentativa de se lembrar da sua agenda ajuda a manter sua mente afiada, faz com que você preste atenção à sua rotina e pode ter um impacto profundo na forma como as pessoas o percebem.

COMO FAZER

1 **Volte para o Sistema de Memorização do Mês e Datas Importantes da**

página 35 e faça ou repita a atividade. Trabalhe o que você lembrar.

2 Crie seu sistema de datas usando um dos sistemas numéricos descritos neste livro. O Sistema Principal (ver página 45) funciona melhor aqui.

3 Crie seu sistema de horário-do-dia. Prefiro o Sistema da Rima (ver página 33). Tenha em mente que essas imagens numéricas devem ser diferentes das imagens de datas para evitar confusão.

4 Reveja seu sistema várias vezes. Você deve conseguir criar com facilidade imagens mentais para mês, data e hora.

5 Comece a usar seu sistema. Crie as imagens para o mês, a data e a hora; depois ligue-as a uma imagem para o evento. Adicione detalhes e torne-os exagerados.

6 Use um sistema de reserva como uma agenda física ou digital. Ele servirá para os momentos em que você estiver cansado ou estressado e pode ser difícil lembrar as informações.

7 Reveja sua agenda reserva no início de cada semana (ou dia) para refrescar suas imagens mentais.

8 Para apagar ou alterar um evento programado, Imagine-se apagando literalmente a imagem em uma data ou hora. Você também pode imaginar que a elimina de alguma forma para se lembrar que o compromisso não se efetivou do jeito que você previu, antes de recriar uma data e hora diferentes com imagens vívidas.

Veja um exemplo:

> ***Se sua imagem original é Papai Noel (dezembro) (9) para fazer seu check-up anual, mas você remarca para o dia 8 (a rena do Papai Noel se transforma em um polvo que mantém o edifício do consultório médico em seus tentáculos), mude a imagem original do consultório do médico, imaginando que o prédio desabou porque a rena que o sustentava não aguentou. A imagem do polvo sustentando o prédio parece bem vívida, não?***

Quanto mais você usar o sistema, mais fácil será lembrar naturalmente sua agenda. Em dado momento, você começará a visualizá-la mentalmente — com ou sem o sistema. Na prática, uso mais a versão leve desse sistema: lembro-me da semana em curso, com a imagem do mês acima. Transformo em imagens meus compromissos importantes para a semana usando apenas data e eventos, uma vez que geralmente me lembro dos horários, e concentro-me apenas na semana seguinte. Uso o sistema completo para lembrar minhas viagens e palestras para os três meses seguintes.

[73] Gerenciar a sobrecarga de informações

QUANDO VOCÊ PENSA que já controla e-mails, ligações telefônicas e prazos, aparece outro item. Você não pode lidar com ele direito no momento, mas deve se lembrar de cuidar disso depois. Há um truque de memória para isso, cuja assimilação leva pouco tempo e que se tornará rapidamente uma segunda natureza. Use-o para fazer uma nota mental para lidar com itens que precisam ser abordados enquanto você está ocupado com outra tarefa. Sempre recomendo usar a memória como principal ferramenta para lembrar, mas considere também fazer notas à medida que você desenvolve essa habilidade ou para assuntos essenciais.

A TÉCNICA: Seu Palácio da Memória no Local de Trabalho
Mais uma vez, o Palácio da Memória (**página 86**) vem em socorro. Você criará rapidamente um Palácio da Memória a partir do seu local de trabalho, com três ou quatro espaços óbvios. Quando um assunto vier à sua cabeça sem que você possa se ocupar dele no momento, você o converterá em uma imagem exagerada e a conectará a um daqueles espaços. Quando você puder fazer uma pausa ao longo do dia, poderá escanear seu local de trabalho no Palácio da Memória para ver o que está armazenado em cada espaço. As imagens servirão como pistas para lembrá-lo o que precisa ser feito.

COMO FAZER

1 Olhe ao redor de sua área de trabalho, especificamente à sua frente, à esquerda. Identifique uma característica óbvia, como algo na parede ou

no canto. Note que uma área aberta não é um local efetivo; deve haver um item específico ao qual você pode anexar informações mentalmente. Escolha um item que você não use com frequência em seu dia de trabalho, portanto seu computador, cadeira ou telefone estão fora de questão. Essa será sua localização principal para seu novo Palácio da Memória.

2 Escolha um segundo local ou item principal à direita do primeiro. Designe-o como o local número dois. Adicione pelo menos mais um do lado direito, mas ainda à sua frente. Esse é local número três. Revise da esquerda para a direita, focalizando cada item e contando-os mentalmente: um, dois, três.

3 Quando você estiver em uma ligação e chegar um e-mail que precisará responder mais tarde, converta rapidamente em uma imagem o assunto, um detalhe ou o nome do remetente. Conecte essa imagem de forma engraçada ao primeiro local de seu Palácio da Memória. Faça rapidamente a conexão tão bizarra quanto possível para que ela seja inesquecível. Por exemplo, você está naquela ligação e vê um e-mail de seu cliente Oliveira. Imagine que no lugar do vaso de planta ao lado de sua mesa há várias árvores de azeitona (minha imagem mental para qualquer pessoa chamada Oliveira) empilhadas.

4 Comece o hábito de olhar de relance todos os três locais várias vezes ao dia quando você tiver um minuto para isso. Pergunte-se quais assuntos ou pendências vê ali. Tome as providências devidas sobre eles. Apague-os mentalmente quando os tiver solucionado. Você pode imaginarse apagando-os como se fosse um papel em branco ou mudar a imagem para significar a conclusão do assunto, cortando-a na metade ou destruindo-a de outra forma.

O poder dessa técnica vem de chamar sua atenção propositalmente para o que você precisar lembrar mais tarde para que sua memória natural possa fazer o trabalho dela (lembre-se do primeiro passo essencial da memória: foco). Converter a informação em uma imagem e anexá-la a um local reforça a atenção mental, além de fornecer uma âncora para ajudar se a lembrança não aparecer por si só.

[74] Ganhar mais clientes e referências

FUI UM AGENTE imobiliário de alta produtividade no estado do Arizona por quase cinco anos e testemunhei o quão importante é ter uma boa memória. Ela foi essencial para eu impressionar as pessoas e alcançar o reconhecimento de clientes satisfeitos. O mesmo se dá em qualquer ambiente comercial ou de vendas competitivo. E enfrentemos isso: todo ambiente de negócios e de vendas é competitivo. Ao se empenhar em ter uma boa memória e utilizar as ferramentas corretas para isso, você também pode ficar mais confiante, servir melhor seus clientes e ter ótimas referências.

A TÉCNICA: Aplicar as técnicas

Pense neste truque como seu exame final. Há muitos modos de impressionar nos negócios, mas a memória é um dos mais fáceis, especialmente com o que você já conseguiu lendo este livro. Aplique em sua carreira o que você aprendeu até o momento. Combine todas as estratégias e dicas deste livro. As pessoas pensarão que você tem poderes sobrenaturais.

COMO FAZER

1 Conheça o estoque atual, os preços e os detalhes. Ser uma enciclopédia ambulante dos produtos de sua empresa impressiona muito mais do que dizer: "Vou verificar essa informação para você em um minuto!". Tudo o que é preciso é um olhar diário sobre o estoque, melhorar o foco e traduzir números em imagens inesquecíveis. Conheça melhor os detalhes — inclusive o preço — de seus produtos do que qualquer outra pessoa. Use os truques de memória que você aprendeu para simplificar um processo que outras pessoas podem achar assustador ou difícil.

2 Memorize nomes. Imagine conhecer alguém em uma feira de negócios e, depois de alguns dias, dar de cara com ele em algum evento e lembrar o nome dele. Impressionante! Você pode melhorar sua capacidade de reconhecimento facial e de memória para nomes revendo os truques apropriados neste livro. A chave é esforçar-se. Como muitas coisas na vida, quanto mais praticamos, melhor ficamos.

3 Revisar para lembrar. No trabalho, no final do dia, meu incrível supervisor falava sobre o preenchimento da lista de tarefas do dia seguinte. Sugiro que você pratique esta única ação: revise o que aconteceu a cada dia antes de você deixar o escritório. Quais pessoas você conheceu? Como eram e como se chamavam? Revise cada potencial cliente ou cliente real: você se

comprometeu fazer algo para algum deles? Finalmente, o que você precisa memorizar sobre o dia? Reservar de cinco a dez minutos para revisar as atividades do dia diz à sua mente para não as descartar mais tarde, quando você estiver dormindo. Assim, sua mente dará prioridade ao armazenamento desses detalhes a longo prazo.

A maioria dos empresários ou vendedores é muito parecida: são pessoas com acesso a informações, pessoas decentes e capacitadas, organizadas e empenhadas em ajudar os outros. O que fazer para se destacar? Se você melhorar sua memória, você será visto como alguém "diferenciado", mais inteligente e mais bem informado do que todos os outros. Trabalhar com você em vez de tê-lo como concorrente será a escolha óbvia.

[75] Manter a produtividade no trabalho em qualquer idade

É NATURAL QUE nossa mente e nosso corpo mudem à medida que envelhecemos. Muitas pessoas veem uma diminuição no seu rendimento mental e físico. Mas nós nos tornamos também mais experientes. Podemos usar essa experiência para nos motivarmos a usar o tempo para cuidar da nossa forma física e mental para nos mantermos produtivos à medida que envelhecemos.

O primeiro passo é empregar o esforço necessário. Quando somos mais jovens, o entusiasmo é natural quando fazemos uma atividade pela primeira vez. Nós nos concentramos melhor porque somos não só jovens, mas interessados em oportunidades novas e motivadoras. Rompa com o princípio que chamo de "o hábito do envelhecimento" e comprometa-se em ter uma memória melhor em qualquer idade.

A TÉCNICA: Esforçar-se

Desejamos ser adultos, então comecemos a trabalhar. Você já está fortalecendo sua memória com a leitura deste livro. O primeiro passo na seção seguinte o leva a um nível acima, mas mesmo antes disso uma das melhores maneiras de se manter afiado no trabalho é melhorar sua forma física. Se você estiver disposto a cuidar de seu corpo, sua mente melhorará também. Os benefícios da aptidão cardiovascular são excelentes tanto para o corpo como para a mente. Consulte sempre um médico para um programa de atividade física que funcione melhor para você e empenhe-se nele!

COMO FAZER

1 Escolha uma seção deste livro e comprometa-se a aprender a técnica correspondente, pratique e use o truque de memória. Domine a proposta e comprove para si mesmo a respectiva eficácia. Uma vez que você a domine, escolha outra e repita o processo. Resista à tentação comum de simplesmente ler o livro e esperar que sua mente mude por "osmose de leitura". Temos idade suficiente para saber que o esforço e a prática são essenciais para as mudanças que desejamos. Beneficie-se dessa sabedoria. Quanto mais você se esforça para lembrar, melhor será para a sua cabeça. Tenha em mente o ditado "o que não é usado fica atrofiado". Esteja disposto a enfrentar um desconforto de curto prazo ao aprender uma nova maneira de usar sua mente em troca do sucesso a longo prazo que isso traz.

2 Identifique por que você anda esquecendo assuntos ou tarefas do seu trabalho (que pode ser diferente do esquecimento das coisas relativas à família). Com qual dos três passos essenciais da memória (FOR) você tem mais dificuldade? 1) Focar nas informações; 2) Organizar as informações na cabeça; ou 3) Recuperar as informações quando você precisa delas? Encontre soluções apropriadas neste livro e use-as para abordar a área problemática.

3 Melhore seu foco mental. Revisite o método 1-2-3 na página 60 e pratique-o todos os dias.

4 Não tenha medo de usar anotações, seu celular ou seu computador como auxiliares para sua memória. Mas, ao mesmo tempo, pare de apelar tanto a esses recursos. Confie em sua mente e use os auxiliares como uma reserva de segurança.

5 Pergunte-se: "Como vou me lembrar disso?". Reservar um segundo para trazer sua atenção ao momento presente resolve muitos problemas de lapsos de memória.

6 Aprenda uma língua estrangeira em seu tempo livre. Essa é uma ótima forma de manter sua mente afiada, e sua vida profissional também se beneficiará dela.

Dominando a memória

Ao primeiro contato, muitas das técnicas e dos métodos deste livro parecem estranhos. Converter informações em uma imagem? Ligá-las com uma planta no canto da minha sala? Fala sério — isso vai melhorar minha memória de verdade? Vai, definitivamente! Mas você tem de praticar as técnicas para que elas funcionem.

É fácil ler este livro e pensar: "Certo, isso é muito interessante. Agora já sei como lembrar melhor". É mais difícil, mas muito mais eficaz acionar essas ferramentas. Acolha as abordagens, mesmo que pareçam estranhas. Elas estão sendo usadas mundialmente todos os dias por pessoas iguais a você, que querem melhorar a memória no cotidiano, na vida, na escola e no trabalho.

Dominando a Memória para a Vida

Se você ainda não o fez, escolha a situação que mais lhe interessa e comprometa-se com ela. Pratique a técnica ou o método durante sete dias. Reserve pelo menos dez minutos por dia para melhorar sua memória. Veja algumas atividades diárias ou semanais que você pode tentar:

- Memorize a placa dos carros nos seus deslocamentos pela cidade.
- Aprenda o nome de balconistas, garçons e de qualquer outra pessoa com quem você interage no seu cotidiano.
- Lembre um novo número de telefone todos os dias.
- Revise o que você quer lembrar cada vez que escovar seus dentes.
- Tente lembrar de memória o aniversário dos amigos.
- Aprenda algo novo. Escolha uma língua estrangeira e aprenda cinco novas palavras por dia ou expanda seu vocabulário em português aprendendo uma nova palavra (e a respectiva ortografia) por dia.

O domínio da memória vem da prática. À medida que você desenvolve sua criatividade e habilidade de traduzir em imagens informações difíceis de lembrar, sua mente mudará. O que parecia difícil no passado se tornará mais fácil, e suas habilidades de memória crescerão diariamente. Você se sentirá mais confiante e será considerado um mago da memória.

Compartilhe o Dom da Memória

À medida que você vai se transformando em um mago da memória, é natural que as pessoas perguntem: "Como você lembra disso?". Você estará pronto para compartilhar sua história que, eu suspeito, é semelhante à minha — que sua memória não era grande coisa, então você foi à luta para aprender algumas técnicas e resolveu a questão.

Todos desejam uma memória melhor. Agora você pode retribuir a oportunidade de ter melhorado seu dom ajudando os outros. Comece aos poucos, compartilhe os três essenciais passos para a memória (FOR). Para muitas pessoas, isso pode ser o bastante para colocá-las no caminho para uma memória melhor. A maioria de nós tenta realizar várias tarefas simultaneamente ou não presta atenção suficiente quando as informações chegam e, então, culpa a "péssima memória". Incentivar as pessoas a abolirem a multitarefa as ajudará a lembrar de forma natural, mais e melhor.

Isso é especialmente importante com os membros mais jovens da família e amigos. Trabalhe com eles para identificar qual das três etapas os desafia e ajude-os a reparar isso. Jogue jogos de memória com eles (ver página 58). Mais importante, ensine pelo exemplo. Comece a confiar em sua memória em vez de em seu celular. Vê-lo esforçando-se para ser um mago da memória será uma inspiração para eles aprenderem por si mesmos.

Conclusão

PARABÉNS! Muitas pessoas hoje em dia se resignaram a ter uma memória pobre, mas não você. Você se esforçou, e os resultados estão começando a aparecer. Mantenha-se no caminho e resista à tentação de retornar a qualquer hábito antigo (como terceirizar sua memória para seu celular ou anotações). Sua mente permanecerá afiada. Seu detetive de memória continuará a recompensá-lo "resolvendo o caso" e fornecendo-lhe as lembranças de que você precisa no momento em que você precisa!

Sobre o Autor

BRAD ZUPP é um especialista no aprimoramento da memória, palestrante motivacional, treinador de memória e escritor. Desde 2009, ele se dedica a testar os limites da própria memória enquanto ajuda outros a descobrir os benefícios resultantes do aprimoramento da memória. Ele também é um atleta da memória e participa de competições em todo o mundo, conforme sua agenda permite.

Brad nem sempre teve uma memória padrão ouro. Quando ele fez quarenta anos, notou que suas habilidades diárias de memória estavam diminuindo. Determinado a não sofrer o chamado "declínio natural" de memória no envelhecimento, mergulhou na busca do aprimoramento da memória e descobriu que lembrar mais e melhor é possível.

Ele se apresentou nos programas da TV americana *The Today Show*, *Fox News New York*, *The Dr. Steve Show* e *USA Today* e no *LA Times*. Ele também é o autor de dois outros livros sobre memória: *Unlock Your Amazing Memory* e *The Hack-Proof Password System*.

As realizações de Brad incluem:

- Memorizou os nomes de 117 pessoas em quinze minutos em uma competição de memória.
- Estabeleceu o recorde americano no Campeonato Mundial de Memória — dois anos consecutivos por memorizar dígitos em que cada número era cantado por segundo e só uma vez.
- Memorizou 11,5 baralhos em uma hora, em uma competição de memória.
- Memorizou os primeiros dez mil dígitos do Pi em uma tentativa para estabelecer o recorde mundial chamado "The Everest of Pi Memorization Tests".

Aos 50 anos, Brad está com a memória mais afiada do que nunca. Ele é a prova viva de que com algumas técnicas simples e um pouco de esforço, não precisamos sofrer para lembrar.